JN410443

오래된 단서

이월란 시집

문학의전당 시인선
230

오래된 단서

이월란 시집

문학의전당

시인의 말

모어가 자라고 있는
신비로운 뭍으로 가고 싶을 때마다
죽은 말들을 화석에 새긴다

임마의 허로도
나는
아직도 나를 발음하지 못하는데

바람의 뒤태를 한 줄기씩 감아쥐면
닮고 닮은 해안 따라
귀청을 때리는 바다의 말

돌아보니 뿌리 깊은 섬
섬이 아니었던 적이 없었다

어느 섬인들 그리운 뭍이 없을까
아침 해가 떠오르면
따라서 둥둥 떠 있는 혀

2016년 7월
이월란

차례

제2부

제1부

노을

해 질 때까지 빈손으로
산속을 쏘다닌 포수
서쪽하늘로 날아가는
하루를 잡았다
탕,
저렇게 아름다운 주검은 처음이야
하늘 가득 피를 쏟은
저, 몸이 큰 짐승 한 마리

내부순환도로

나의 내장이 일렬종대로 줄을 선다. 헛다리로 품 팔던 대학로에서 저 푸른 목성까지, 내비게이션의 낭랑한 멘트로 '내부'라는 말과 함께 가도 가도 끝없다. '순환'이란 말과 함께 반향 없는 휘파람 불며 걷는 눈먼 길꾼이다. '도로'라는 말과 함께 늙어가는 이차선변에 집을 지었다.

이별의 방마다 덧댄 연창 가득 하루 삼십만 개의 소통이 질주한다. 과녁 없는 포물선 궤도(궤도의 이심률은 1이며, 두 천체 사이의 상대 속도는 거리의 제곱근에 반비례하므로, 거리가 멀어질수록 상대 속도는 0에 접근한다)가 그리 낯설지 않다. 욱신욱신 이국의 수풀 가득 맨살 돋아 혼백을 부르는 소리, 허공의 일천 계단을 밟아온 길이 있어 가지마다 목맨 뭇 꽃들, 외줄기 타고 오른 저마다의 길이 있어 저토록 뼈저린 직립의 야경. 하늘바다 끝 포구는 멀다. 벗어나야 한다.

성산출구에서 맞닥뜨린 종근당 플래카드, 미수금 받아드립니다, 대출해 드립니다, 베트남 결혼 전문, 대리운전, 신호가 바뀐다. 또 다른 나의 내부, 신호등도 살아 있다. 바퀴 달린 것들은 모조리 도로로 진입해버린 이 아름다운 욕루의 체증. 들어가면 나오지 못하는 상습정체구간, [연희램프에서 홍제램프, 72km/h 통행시간 3분, 소통원활] 해 뜨지 않는 붉고도 푸른 램프와 램프 사이, 입체 교차하는 두 개의 운명이 닿은 비탈진 절망의 항로 가득 알 수 없는 주행거리는 모두 일방통행이다.

도로는 알맞게 휘었다. 서행하다 멈춰버린, 출구가 보이지 않는 수면 부족의 푸석한 날들. 진입로와 진출로의 숫자는 동일하다. 하부도로의 신호체계에 길들여져야 하는 기막힌 설계도 위에서 두 대의 차량이 탈선했다. 험난한 지형을 가로질러, 기둥따라 세워진 밀폐된 고가도로 위에서 블랙베리 손가락*을 앓고 있는 핸드폰의 별빛 미니자판이 1, 1, 9를 차례로 깜빡이고 있다. 무한궤도가 장착된 허공은 공중분해 중이다. 견인차량 한 대가 순환하다 순환하다 출구를 찾지 못한 중고차 하나 끌고나가고 있다.

---

*블랙베리 손가락: 휴대전화 문자메시지로 생기는 손가락 근육통으로 미국 물리치료협회에서 정신직업병의 일종으로 인정했음.

당신을 읽다

첫 페이지의 의혹을 넘겨버린 것도 세월이었다
더 이상 번역하지 않아도 되는 당신을 눕혀두면
눈 밖에 난 활자들도 어둠을 먹고 자란다

신비롭게 제본된 팔다리를 흔들어본다

사서처럼 당신을 들고 오던 날 편협한 장르에서 그만 벗어나고 싶었다
당신을 펼치고도 늘 화자였던
나는 바깥이 그리운 아내가 되고
숨 쉬는 것조차 다른 당신을 매일 덮었다

아이들은 생소한 이야기를 시작한 지 오래다

나의 눈높이로 들어 올린 당신은 한 번씩 버려진 문장처럼 뚝 떨어진다
글자보다 여백이 많은
감명 깊은 나라로 떠난 여행길에서도

당신을 끝까지 읽은 적이 없다

개미의 길처럼 작은 통로로 끊임없이 사라지는 주인공을 따라오는 사이
당신은 헌책방의 고서처럼 누렇게 뜨고 있다
신간이 매일 쏟아져 나온다

나는 돋보기를 쓰기 시작했다

제목이 뭐였더라, 당신? 엄지와 검지에 침을 발라
한 끼의 그리움을 번역해낸다
한 번도 대출 받은 적 없는 목록마저 사라졌다
나의 환한 등잔 밑에 숨어 있던 책 속의 길

저자는 죽었다

나비효과처럼 팔랑이는 페이지마다
읽어서 도달할 경지였다면

화려한 세간 밑에서 먼지가 쌓였겠다
더 이상 속독이 되지 않는 느린 벤치 위에서 바람이 당신을 읽고 간다

오래 흘러야 강이 된단다

평생을 먹어도 배가 고픈 우리는
간단한 줄거리를 오래도 붙들고 있다
어느 날은 율법처럼 서 있던 당신을 성경 옆에 꽂아두기도 했었는데
언제부터인가 당신을 꺼내어 일기를 쓴다

어느 페이지엔가 나의 혼을 접어 두었었다

수선집 여자

세상이 할랑할랑 놀 때마다 소방서 옆 수선집으로 간다
철거되기 위해 지은 집처럼 매일 허물어지고 있는 그 집엔
요오드 과잉의 바제도병에 걸린 주인여자가 영상처럼 서 있다
지구본처럼 둥근 그녀의 얼굴 위에 나란히 선 등대처럼 튀어나온 그녀의 두 눈
썩은 장기를 잘라내고 다시 감쪽같이 꿰매어 주는 외과의사의 당당함으로
새 생명을 점지해 주는 신 내린 암무당의 옷맵시로
저무는 건물을 버팀목처럼 떠받치고 있다
몸이 오늘 내일 불었다 줄었다 하는 것도 아닌데
딱 맞는 옷 하나를 제대로 고르지 못하는 나는
딱 맞는 옷 하나를 만들어주지 않는 세상 속에 굳세게 서 있는
그녀 앞에서 늘 주눅이 든다
다 자란 몸의 투정을 받아주지 않는 항간의 홈질은 땀조차 고르지 못하다
거울 없이 나의 실루엣조차 그림자로밖에 감지할 수 없는
나는 종종 그녀에게 뛰어간다
그녀의 흐린 형광등 밑엔 사람들의 오류가 산더미처럼 늘 쌓

여 있다

경박한 선택의 잔해들이 피란지의 흩청처럼 쌓여 있다

그녀가 흐린 형광등 불빛 아래 드르륵드르륵 재봉틀을 밟고 있을 때면

가끔씩 옆 건물의 소방차가 웽웽 정신없이 달려 나간다

어디선가 활활 타오르고 있을 재앙의 불길조차 이 집으로 걷어오면

결코 불붙지 않는 뜨거운 옷을 수선떨지 않고 숭덩숭덩 만들어 줄 것 같은 여자

아직도 이 땅의 장사치들은 나의 치수에 냉담하다

자기네 치수도 모르는 판국에 남의 은밀한 치수까지 어떻게 알까만

십인십색인 이 땅엔 아직도 대, 중, 소만의 빅 세일이 한창이다

옷의 인격을 존중하여 그때 그때 몸을 수선하는 사람들이 점점 늘고 있다지만

난 애매모호한 수치로 태어나 맘대로 진화하고 퇴화하며

변형을 시도하는, 막가는 몸뚱이일지언정 조작하긴 싫은 것

매일 탈색되고 있는 혈색마저 염색 한 방울로 은폐될 순 없잖

은가

헐렁한 세상을 또 한 뼘 조이러 간다

질질 끌리는 인연을 잘라내고 감치러 간다

어림짐작 재어보는 사지는 늘 깡똥해 휘갑쳐버린 바짓단에

죽은 버러지처럼 붙어 있는 실밥을 털어내는 백미러 속

오늘도 그녀는 교교한 달빛을 뽑아 속박음질로 세상을 수선
하고 있다

저녁의 내력

신생아처럼 태어난 새벽이 하루살이 몸을 입고 벌떡 일어났던 아침이 허리를 꺾으면, 그새 늙은 혈맥이 잡히는 곳이 있다. 돌아보는 눈동자 어디쯤에는 맑은 소금기가 도는 곳이 있다.

타고 앉으면 급행열차가 되어 하루의 이름으로 지나치던 수많은 간이역, 빛의 동맥을 따라 휑하니 내려온 자취가 있다. 눅눅해진 소음이 목청을 잃고 어스름한 소실점을 따라 집이 되는 곳.

비밀한 꽃들은 반쯤 눈을 감고 야생화 한 마디씩을 주고받는데 이별이 자리를 펴기 좋은 곳마다 밤눈 어두운 골목은 블라인드를 내리고, 인공의 빛을 가둔 지붕마다 창밖을 물끄러미 내다보는 눈빛이 있다.

가난한 아침과 불행한 밤사이 버릇처럼 최면을 마시는 경계인들은 걸음이 느린 영혼을 불러들여 충혈된 노을의 두 눈을 감기는 곳. 화근이었던 꿈마저 끌어안고 나와 독대하는 그곳에 닿으면,

어둠의 봉분 앞에 걸터앉아 빛 속을 뛰어다니다 찢어진 치맛자락을 꿰매고, 동면하는 겨울로 가는 길목쯤 유서 같은 낙엽이 날리는 저녁은 하루의 가을이었다. 임종을 앞둔 오래된 병실이었다.

검은 나비들이 부화하는 노숙인의 징지 같은 서쪽 하늘 어디쯤에 닿으면, 수의 같은 잠옷으로 갈아입고 더 늦기 전에 고백하려 한다. 사람들은 그만 전설이 되려 한다. 하늘도 얼굴을 붉히는 그곳에 닿으면.

요가

두껍지 않은 명상록이 되어
관절처럼 굳어진 페이지를 넘긴다
코브라 곡선 위로 함몰된 가슴 어디쯤에서
언젠가 잡아먹은 새 한 마리 툭 튀어나올지 모른다

투명한 의자에 앉아 잊힌 통증을 읽는다
한 번도 서로를 들여다보지 못한 손과 발은
마주볼수록 낯설다
눈을 감아야만 보이는 것이 있다

두 발에 실린 작은 카르마
비만해진 과거를 싣고 발을 떼는 것조차 두렵다
개와 고양이의 포즈로도 사람이 달리 보인다
비틀어보고 나서야 똑바른 길이 보인다

출렁이는 바다 위에서
뿌리 없이도 흔들리지 않는 섬이 된다
배가 들어온 적도 없는데 꽃이 핀다

배가 떠나간 적도 없는데 꽃이 진다

우뚝 솟은 산 위에서
뿌리 없이도 서 있는 나무가 된다
가지 끝에 만져지는 하늘 한 줌
꽃잎처럼 발끝에 심는다

꿈이라 높이 얹어 둔 가쁜 호흡
이제야 까치발로 내려 턱밑에 심는다
끊어진 숨 사이 관처럼 누운 땅에
숨은 바람이 빠진다

침묵 속에서만 들리는 것이 있다
언어를 갈아 마신 호흡이 다시 가빠오면
합장하는 시선 아래 위태롭지 않게 그저,
나마스테

벽거울

그녀가 새로 장만한 아파트엔
아직도 걸지 못한
묵직한 벽거울 하나가 세로로 세워져 있다
분양받은 그녀의 미소는
겁 없는 세간 사이로 입주를 마쳤다
엄마, 튼튼한 못 두 개가 필요해
수평선이나 지평선처럼 소파 위에 가로로 걸 테야
그녀의 상체만을 비춰줄 수은 발린 유리벽
하늘 혹은 바다와 맞닿을 저 경계는
중력의 방향과 직각을 이루어야만 한다
봄바람처럼 가벼운 무게를 달아야만 한다
다시 입고 나가는 아침의 실루엣과
하루를 벗고 들어오는 노을의 뒷모습까지
불안히 읽어내야만 한다
넘어오는 파도 소리를 먼저 들어야 하고
가로막는 산 그림자를 먼저 관통해야 한다
토르소 어깨 위로 출렁거릴 머리칼이 아닌
짧은 팔과 짧은 다리가 지탱하는 전신을 조각해야만 한다

왼쪽 눈과 오른쪽 눈의 일별에도 익숙해질 수 있을까
백설공주나 왕비가 아닌 일곱 난장이들까지 보여줄 수 있을까
세파의 처마 아래 홀로 날아든 보금자리가
반사광의 눈부심에도 홀리지 않았음 좋겠다
밤새 변심한 수많은 아침을 들어 올릴
단단한 두 개의 못을 사려 간다
벽에 걸리는 그녀의 모습은
이중 잠금장치 속의 자유가 아니라
돌아서 나갈 현관 밖의 길이었음 좋겠다
하늘이면 좋겠다
바다라면 좋겠다
저 아이가 마주보며 쓸어 넘길
저 바람 같은 앞머리의 경계가

이 남자

1

모니터 앞에 몇 시간을 죽치고 앉아 있다 오더니
이 남자, 포르노만 진탕 보고 온 것인가 물이 올라 있다
나도 덩달아 물이 올라 기가 막힌 시상이 떠오르는데
손 뻗으면 머리맡에 메모 첩과 펜이 놓여 있는데
이 몽둥이 같은 물건이 번데기로 진화라도 해버린다면
이 남자, 날 가만 두지 않을 기세다
내 강아지에게 침을 뱉고 문을 쾅 닫고 나가버리겠다
낮에 쌓이는 건 밤에 풀리지만 밤에 쌓이는 건 낮에 풀리지
않는다는 신앙을 철저히 믿고 사는 이 남자
내가 풀 수 없는 너의 히스테리는 없어
어느 제목 아래 들어가야 하는 행간이더라
지금 받아놓지 않으면 깡그리 잊어버리는 건 기정사실
사랑한다는 말은 세컨드 랭귀지로 하지 마
가만, 바디 랭귀지가 먼저였나 한국말이 먼저였나
어디에라도 받아 적어놓아야 한다
이 남자는 아직 나의 시를 단 한 편도 읽어보지 않았다
내 몸에 갈겨놓은 시들만 유독 잘 읽어낸다

데리고 살기엔 안성맞춤이다
난 길고 가는 것보다 짧고 굵은 인생이 더 좋아
그래야 오래 오래 아프지 않아
나의 집중력이 정교한 키스에 있다는 건 죽어서도 잊지 마
스타카토보다는 리타르단도가 좋아
클리토리스와 G스팟은 아르페지오로 연주해줘
눈 속에 있는 악상기호를 제대로 읽어야 해
온음의 쉼표쯤은 오른쪽 귓불에다 찍어주고
갑자기 포르티시모로 날 놀라게 해도 나쁘지 않아
그래, 거기, 거기에라도 써 둬야겠어
아, 거기
쓰면 지우고 쓰면 지워버리는 이 남자
돈도 되지 않는 시 같은 건 뭐 하러 쓰니
절정의 순간들을 매일 밤 새겨 두고 자고 싶어
더 깊숙이 날 건드리면 포르노 작가가 되는 수가 있어
어, 거기
어,
등짝 가득 열 손톱으로 붉은 점자책을 만들어버렸더니

쓰지 말랬잖아
나를 아예 엎어버리는, 이 남자

2

이 남자, 요새 총을 가지고 논다. 아니, 허리춤엔 늘 총을 차고 다녔지만 집에서 총을 가지고 놀지는 않았었다. 지난 주말엔 제일 긴 총을 가지고 사냥놀이를 갔다 왔다. 예쁜 동물들을 죽이지는 말라고 타일러 보낸 후, 돌아온 그는 인적 없는 사막 한가운데서 표적만 열심히 맞추었다는 말만 되풀이했다. 그의 총은 지금까지 어느 누구의 생명도 빼앗지 않았기에 자비의 방아쇠를 장착하고 있다. 그의 총은 지금까지 빼앗지 않은 그 어느 누구의 생명을 구했다는 착각의 쇠붙이로 만들어져 있다. 그는 한 번씩 아주 먼 허공을 향해 한쪽 눈을 조준하기도 한다. 소리가 전달되지 않은 아득한 곳에서는 육신을 입지 않은 영혼 한 줌이 정확히 사살되었을지도 모른다. 그의 총은 평생을 훈련에 몸 바친 스나이퍼의 그것처럼 99.9%의 적중률을 가지고 있다. 언젠가 누군가의 꿈이 실행에 옮겨질 때, 그의 총은 요격할 준비가 되어 있다. 찰카닥 찰카닥, 반질반질 닦인 몸체들이 다시 재조

립되는 소리가 들릴 때쯤이면 그는 말끔히 샤워를 마치고 내일의 탄피를 헤아리고 있다.

언다큐멘티드 에일리언

초록 피가 흐른단다

지구의 방음벽에 부딪힌 함성이 부르주아의 불꽃놀이처럼 하늘을 수놓을 때면 하늘과 땅의 간극처럼 넘볼 수 없는 국경은 자꾸만 높아진다 어느 행성에서는 허구에서 실재로 둔갑할 그 초록빛 문서가 없다면, 먹지 않아 배고파지는 이유 하나만으로는 신원이 보장되지 않는다

일일 노동을 찾아 몰려다니는, 쾌적치 못한 구릿빛 외계인의 출현은 화이트칼라의 두뇌보다 훨씬 빠르고 강하다 타인의 생명을 숙주로 다시 태어나는 진기의 동물들은 끊임없이 하등한 초능력을 지녔다 이제 막 바다를 건너 왔다거나 사막을 뛰어 왔다거나

거대한 두개골이나 초미니의 미라가 발견되어도 조작이나 합성으로 위헌의 판결이 난다 회기별로 집계되는 지구인의 청문회가 열리면, 사면되어 인간으로 진화되기도 하는 우주인들은 떠나온 별들의 전설을 잊지 못한다 지구 밖에도 똑같은 사람

들이 살고 있다고

계절마다 지폐로 귀환시키는 그들의 분신은 낙엽처럼 가벼워도 하나님의 아들들과 피를 섞기 원하는 그들은 거대한 네피림으로 살아남는다 단속을 피해 날아온 씨앗들이 헤쳐 모일 때마다, 등록되지 못한 꽃 한 송이씩 한바탕 웃음처럼 질 때마다

잠시 체류하다 떠나는 이 땅의 주인들이 축제를 열듯 목청을 올릴 때마다 들고 다니던 최종보고서에는 붉은 낙인이 찍힌다 갈라파고스의 해양 도마뱀처럼 헤엄쳐 달아나도 다시 태어나 반짝이며 번식하는 그들의 꿈은 어느 배고픈 별에서 왔을까

세일즈 전화

나의 수다를 사시겠습니까
나의 험담을 사시겠습니까
나의 소문을 사시겠습니까
나의 이름을 사시겠습니까
나의 인기를 사시겠습니까
나의 외모를 사시겠습니까
나의 학벌을 사시겠습니까
나의 직업을 사시겠습니까
나의 지식을 사시겠습니까
나의 재물을 사시겠습니까
나의 친분을 사시겠습니까
나의 거래를 사시겠습니까
나의 초대를 사시겠습니까
나의 실례를 사시겠습니까
나의 주정을 사시겠습니까
나의 권태를 사시겠습니까
나의 공감을 사시겠습니까
나의 추천을 사시겠습니까

나의 거만을 사시겠습니까
나의 제안을 사시겠습니까
나의 자랑을 사시겠습니까
나의 용서를 사시겠습니까
나의 봉사를 사시겠습니까
나의 모순을 사시겠습니까
나의 위선을 사시겠습니까
나의 거짓을 사시겠습니까
나의 진실을 사시겠습니까

스마트해진다는 폰을 들고
팔지 않으면 살 수 없는 사람들

뚜뚜뚜뚜뚜뚜
이 번호는 더 이상 존재하지 않습니다

죄송합니다
저는 파산했습니다

변경(邊境)

철망 너머로 어린 눈이 자라는 동안
오랑캐의 나라를 그리워했다
계절과 계절 사이를 비집고
시차만 고여 있는 땅도 있더라

나라와 나라 사이
통용되지 못할 언어로 봉인되어
내 손을 떠나버린 편지 같은 이야기
손 타지 않는 신비한 생태계다

옆집 여자의 금발이 동화 속에서
성큼성큼 걸어 나오면
떠나온 곳만 궁금해지는
지병에 시든 희귀동물 한 마리

갱신한 비자의 숫자만큼
강산이 변해도
어린 정강이가 엎어지던

골목은 여전히 자라고 있어

답장이 실리지 않은 비행기 한 마리
하늘에 금을 그으며 날아간다
소속을 잃고 뒤뚱, 밟아버린
하늘의 금

중도의 노선만 걷는 희귀종이 수시로
태어나는, 여기는 비무장지대
철망에 걸리지 않는 바람 한 줌씩
답장처럼 날아오면

발 디딘 곳이 모두 국경이더라

봄

그리 신중할 것도 없는 한 시절
재수 없어 모가지라도 꺾이면
살아남기 위해, 초상집에 가선 울고
다음날 잔칫집에 가선 목젖 내놓고 웃을
저 쓸개 빠진 꽃들
하루 해 뜨고 지듯, 피고 질 봄꽃들은
수치도 모르고 하늘을 향해
주접 떨 듯 가랑이를 벌리고
떼 지어 날아든 이름도 없는 나비들이
단체로 오입을 하고 있다

벌건 대낮이다

경매

집을 팔려고 내놓았다
구석구석 켜켜이 쌓인 세월을 들추어
다시 차곡차곡 진열해 두어야만 했다
잊힌 세간들이 유골처럼 묻혀 있었다
매수인들의 눈은 현미경처럼 빈틈을 노릴 것이다
천하에 공개될 알몸 사진이 누려워

확대된 가족사진은 현상금 붙은 몽타주처럼
일찌감치 벽장 속으로 감추었다
늙은 몸치장하고 맞선 자리에 나간 듯
첫인상은 거래의 성패를 가를 것이다
성형이 필요한 결함을 숨기려
덧칠한 화장은 극히 자연스러워야만 한다

중개업자의 만능키로 현관을 따고 들어오는 사람들은
화려한 인테리어와 전망 좋은 집을 기대하며
하자 없이 약점 잡힌 헐값을 찾아 발품을 판다
지나간 잘잘못을 따지듯 변기를 열어보고

성적을 매기듯 옷장 문을 열어볼 것이다
난방과 통풍을, 채광과 수압을 체크하는 깐깐한 소행들은
방충망을 뚫고 들어오는 합법적인 사생활 침해다

말 많은 주택가는 값이 매겨진 전단을 돌리며
시세와 실거래를 따져 물을 것이다
혐오시설 하나 없어도 나이는 부끄러운 과거다
동네마다 이 땅을 떠나고 싶은 욕망처럼
내놓은 집들이 넘쳐난다
저들은 모두 어디로 떠나려는 것일까

협잡꾼처럼 보이는 사람들이 오늘도 문을 따고 들어온다
전 재산을 건 사소한 실수는 용납될 수 없다
시세는 하늘에 있고 땅은 실거래를 한다
욕심을 먼저 사버리고 급매로 내놓은 둥지가 위태로워도
중개인은 결코 초인종을 누르지 않는다

우리는 초를 태워 케케묵은 행각에 향을 뿌리고

쳐들어오는 적군을 피해 도망치듯 집을 비운다
불행한 기억에 막 떠오른 햇살을 앉혀두고
외로움에 찌든 애견의 흔적마저 걷어내고
변장한 보금자리만을 무대 위에 남긴다
나의 과거를 송두리째 사줄 누군가의 클릭을 기다린다

FOR SALE이라는 간판이 지난밤 거센 바람에
휘떡 넘어져 낙엽과 몸을 섞고 있다
유기견처럼 버려진 지붕이 떠돌고 있다
좌판 위에 나를 내놓은 것처럼
집이 화끈거린다

복사기

한 번씩
분실 우려가 있거나 파기될 위험이 느껴질 때마다
서로를 복사한다
맞춤법 검사를 마치지 못한 입술과
공개되지 못한 파일로 잠긴 가슴과
서로를 뚫고 내쳐 달리던 네 다리를 포개어
서로의 저작권을 침해한다
아래위로, 때론 좌우로 베껴 둔 디스켓들은
모기가 옮기는 뇌염처럼 전염되었을까
오래된 노비 문서처럼 말소되었을까
셋집 옮기듯 처소를 바꾸었을까
원본보다 좀 더 그럴듯하게 번역되었을까
소프트웨어처럼 충분히 업그레이드되기를
한때 꿈꾸기도 했지만
감광막 위에 찍어 눌러 오랫동안 보존되기를 원하는
영상처럼 밤새 인화된 넋으로
사기 치듯 열리는 신비한 아침의 행각
팩시밀리처럼 전송된 서로의 암호는

토너 분말처럼 떠다니는 빛의 입자 사이로
필사된 영혼만 애달프다
임대 받은 전자기기처럼 소음이 늘어가도
A4 용지 가득 출력시킨 세월의 흔적은 읽을 수가 없어
해리성 기억상실에 걸려버린 이면지처럼
남아 있는 서로의 능
황금비의 규격으로 여전히, 눈부시게 남아 있는
저 여백을 뒤집으면
아무것도 내장되어 있지 않는
너와 나의 복제된 가슴

인형의 눈

동공에 까맣게 칠해진 염료가 벗겨지고 있어요
모조품에 깃드는 노안이 정말 사실적이네요
비즈 공예품 같은 드레스는 이미 탈색을 끝냈구요
퀼트로 짜놓은 캐릭터는 출입금지 당한 늪지까지
여기저기를 누비고 다녔지요
마디가 살아 있는 구체관절은 희망 위에 모로 누워 있기도
절망 옆에 쪼그리고 앉아 있기도 했는데
손발까진 미세하게 빚어지진 않아 값진 것들을
수시로 떨어뜨리며 살았네요
나를 안아주거나 세워두는 사람들은 하나같이
이제 막 출시된 신제품처럼 반짝여요
성성이 같은 나를 다시 빚어 주세요
분명 수제품이라고 했거든요
태반 라인 위에서 함부로 찍어낸 것들이 아니에요
독자적인 상품일수록 불티나게 팔리는 세상이잖아요
인류가 만든 가장 오래된 장난감
출생신고도 없었으니 사망신고도 필요 없네요
엄마가 나를 눕히면 나는 눈이 감기는 인형이었는데

살아 있는 몸속에서 눕혀도 눈떠 있고 싶었죠
눈감고 누워 있으면 꼭 죽은 사람 같잖아요
어느 날부터인가 누워서도 눈이 감기지 않아
어리둥절 영문을 몰랐죠
그래서 사람처럼 아프네요
아세요? 오래된 인형에게는 영혼이 깃든다는 걸

화성인

믿을 수 없는 외계의 방문을 우리는 기다리고 있다 지구의 하늘에선 본 적이 없는 불편한 얼굴의 비행체를 우리는 몰래 그리워하고 있다 호모사피엔스의 두 눈과 파충류의 심장으로 스스로 열을 내어 호흡을 시작한, 모호한 그림자의 잠식을 꿈꾸고 있다 살을 뚫고도 붉은 피가 흐르지 않는 강물 위로, 유독한 고체가 뿜어내는 금속의 광택이 한 번도 마주볼 수 없었던 햇살을 대신해주기를 고대하고 있다 변기 속 배설물의 침전물로 배양된 천상의 박테리아가 탯줄도 없이 허공을 양수 삼아 콩나물처럼 쑥쑥 자라나 주길 애타게 기다리고 있다 매일 유린당하고 있는 듯한 착각이 미지의 계산법으로 증명되기를 고대하고 있다 유리파편처럼 부서져도 아무도 눈치채지 못하는 먼지들의 아우성을 언젠가 확성기 같은 것으로 대변하고 싶은 것이다 은하수의 네비케이터를 타고 언젠가 지구의 무덤 위를 날아보기를 소망하고 있는 것이다 대기권을 벗어나 가상의 화면을 연기하고 싶은 것이다 바이킹 탐사선이 찍어 보낸 사진이 모니터 속에서 걸어 나오기를, 해부되지 않은 채로 동굴 벽화 속에서 걸어 나오기를, 납치되지 않은 채로 채팅의 신호를 보내오기를, 그리하여 우리는 우리도 모르는 사이에 아름답게 멸망하였노라, 사라지는 순간까지도 기록되기를 열망하고 있다 그렇게 점령당하기를 매일 바라고 있다 외계인의 봄 속에 꽃처럼 피어나 이 별을 그리워하지 않고도 살 수 있는 그 별로 따라가고 싶은 것이다 그 신비한 비행물체를 빛의 속도로 달려갈 수 있는 서로의 눈 속에서 확인하고 싶은 것이다

함정이 없다

전쟁의 유물처럼
어딘가에 지뢰가 숨어 있으리라 여겼다
적들의 교란은 통신망 밖에서 무사하여
한 치의 오차 위에서만 잠이 들고
종종 제한속도를 넘어버린 미친 질주로도
촘촘한 지뢰망으로부터 자유롭진 못하리라 여겼다
방금 출고된 신차처럼 매끈한 몸뚱이로도
무섭게 나뒹구는 날이 있으리라 여겼다
그리곤 어디론가 이송되리라 여겼고
적재 유무만을 살피고 통과시켜버린
검문소의 허점이 눈앞에서 낱낱이 드러나는
날이 쉬이 있으리라 여겼다
일상의 평화를 악용한 심리전의 교묘한 술책이
목줄을 감아쥐는 날도 있으리라 여겼다
훈련 삼아 몇 명의 사상자가 나기도 하리라
그리곤 절벽 아래서 수직의 높이를 끝도 없이
타고 오르는 그런 것이라, 여기기도 했던 것인데
하, 단조롭기 짝이 없다, 사는 것이

새겨 보건데, 옹졸하기 짝이 없는 것이기도 하여서
높은 적중률로 불티나게 팔리는
종합문제지와도 같은 것이어서
기존의 문제들이 지루하게 되풀이되는
해묵은 시험 같은 것이어서
맞추지 않아도 길이 되는 목숨 앞에
맑은 눈으로 응시하면 안개 속에서도 길이 나고
어둠 속에서도 동공이 먼저 알고 커지는
홑진 길이었다, 진정
함정은 없었다, 함정은 내가 만들어내고 있었다

편지

우리, 서로를 먹어버릴까요
그 맛이 그 맛인 외로운 식탁 위에서
우리, 서로를 흠뻑 적셔버릴까요
마른 옷 매일 갈아입는 아침 햇살 아래서
우리, 서로를 탕진해버릴까요
목숨마저 적립하며 살고 싶은 지상에서
우리, 서로를 부숴버릴까요
건설의 장도리가 춤추는 신도시에서
우리, 서로를 불태워버릴까요
승부만이 환생하는 사각의 링 위에서
우리, 같이 망해버릴까요
눈부시게 번창하는 세상 한가운데서
우리, 서로의 혀를 잘라버릴까요
호화로운 언어가 판을 치는 백지 위에서
우리, 서로의 손목을 꺾어버릴까요
추억마저 검색 당하는 자판 위에서
우리, 서로의 두 발을 묶어버릴까요
역세권 환승 주차장 같은 대로 위에서

우리, 서로의 어깨를 주저앉혀 버릴까요
KTX처럼 질주하는 세월 속에서
우리, 서로를 거덜 내버릴까요
밑천 없이도 굳건한 사람의 영토에서

했던 시절,

시 멀미

언제부터인가 늘 백지를 가지고 다닌다
비닐봉지를 달고 다니는 멀미 환자처럼
흔들릴 때마다 와락, 솟구치는 토사물
生의 바퀴는 매끈히 달려도
꽉 다문 어금니 사이로
아이 서듯 시금시금 올라오는 신물
무임승차한 삶은 결코 멈추지 않고
백지는 늘 위산으로 부식되고 있다
아동학대죄로 잡혀갔다는 못된 계모처럼
내 안에 입양된 못생긴 아이에게
매일 토사물을 먹이고 있다

개 같은

1

나는, 선악과를 따먹은 후
판단을 멈추지 않는 인간의 눈이 싫다
그래서 거울 속의 내 눈조차 오래 바라보지 못한다
선악과를 따먹지 않아
그저 묻기만 하는 토비의 눈이 좋다
나는 왜 초콜릿을 먹음 죽나요?
주인님은 왜 매일 나가서 일을 해야 하나요?
주인님은 왜 오늘 행복해 보이나요?
주인님은 왜 오늘 울고 있나요?
견공시리즈는 몇 편까지 나오나요?
깜빡깜빡 백치처럼
묻고 묻고 또 묻는 토비의 눈이 좋다
슬픈 날이면 문 옆에서 꼼짝 않고 엎드려
인간엄마만 온종일 기다리고 있다는
토비의 개집으로 들어가고 싶은 날이다
멀리서 들리기만 해도 소름끼쳤던
인간들의 그 욕지거리, 늑대막에

'개 같은 년'이 되고 싶어질 줄이야

2

개 같은 애인이 있다면 나는 행복할 거야
그림자처럼 따라다니다 휙 돌아만 봐주어도
끄응 엎드려 황송해하는
개 같은 애인이 있다면
카펫 위를 걷는 발자국 소리에도
두 귀를 쫑긋 세우고 달려오는
개 같은 애인이 있다면
화장실 앞에서도, 욕조 앞에서도
이제나 저제나 엎드려 기다려주는
개 같은 애인이 있다면
잠시 잠깐의 외출로도 이산가족 상봉하듯
껵껵 숨통이 넘어가는
개 같은 애인이 있다면
결코 왜냐고 묻지 않으며
결단코 안 된다고 거절하지 않으며

온몸에 털이 덮여 나처럼 쪼글쪼글
늙지도 않고 평생을 깡총거리기만 하며
인연의 끈에 목을 매고
지옥 끝까지라도 따라오는
개 같은 애인이 있다면, 나는

詩人과 是認 그리고 矢人

詩人의 가슴으로 사는 어느 시인 아닌
시인의 말
詩人은 아무나 되는 것이 아니겠지요

아무런 기척 없이
변변한 찬도 없이
눈부신 후광도 없이
망설임의 겁도 없이
詩人의 밥을 지었더니

詩人은 是認할 줄 아는 사람이어야 하네요
결핍을 시인할 줄 아는 사람
거짓을 시인할 줄 아는 사람
교만을 시인할 줄 아는 사람
허물을 시인할 줄 아는 사람

화살을 만들어 누군가를 조준하는 矢人이라면
화살을 만들어내며 사는 시인의 몸이

늘 어딘가에 박히기를 갈구하는 시인의 몸이
화살을 본뜬 상처의 도가니가 되고 말겠네요

是認할 줄 아는 詩人
살 속이 아닌 가슴속에 박히는 화살을 만드는 矢人

시위를 당기는 마음에
詩人의 정곡에 먼저 와서 박히는 활자 앞에
오늘도 나는 백지 위에 과녁으로 서 있어야 하네요

수목장

뼛가루가 수액으로 흐르는 나무들이 있다 한다
가을이 와도 떨어지지 않는
죽은 자들의 이름표를 잎사귀 대신 달고
비명(碑銘)을 응시하며 자라는 나무들이 있다 한다
사체 위에 꽃을 피우는 잔인한 정원
영구차 같은 계절이 다녀갈 때마다
영혼의 옷을 갈아입는 곳
뿌리로 만지는 유골마다 추억을 빨아올리며
사자(死者)의 재로 숨 쉬는 나무들
내세의 안락으로 헛배 부른 봉분 대신
무성한 숲이 전생의 밤을 불러와
산책로를 따라 걷는 산목숨들은
나무가 되어 숲으로 같이 운다 한다
나는 살아 있고 나무는 죽어 있던 땅
내가 죽어서야 나무들이 걸어 다닌다 한다
맑아진 피가 수액으로 도는
나무들이 넋으로 날아다닌다 한다
잠시 뿌리내린 땅, 사심 한 점 꽃피지 않은

마른가지로도 평안히 그늘 한 뼘
키워내게 되었다 한다
밤새워 별빛의 소나기를 맞고
울긋불긋 피 끓는 대지의 가을이 와도
이제야 식어 내리는 더운 피
땅만 가리키던 열손가락
그제야 하늘 향해 뻗고 싶어
나무가 되었다 한다

구두의 역사

구부리고 앉은 머리맡에 길 없는 지도 한 장 걸려 있다
구두약이 진열된 선반마다 잔 노을이 얹히면
말굽 닮은 가죽 창에 대가리 큰 징을 박을 때마다
걸어온 길들이 깔창처럼 새로 깔리고 걸어갈 길들이 쾅쾅 박힌다
배운 건 행인들의 과거를 뒤집어 훔쳐보는 얌생이질
검은색 푸줏간 앞치마 위에서 맨손으로 본드를 바를 때면
잃어버린 길들이 끈적끈적 딸려 나왔다
뜨듯한 물에 반시간쯤 담그면 다 벗겨지는 타인의 길
대동아전쟁 땐 태평양의 바람을 좇던 돛으로 하얀 돛배 신을 만들었고
육이오 사변 땐 죽은 병사들의 군화를 벗겨 구두를 만들었고
한땐 폐타이어를 깎아서도 신발을 만들었다
송곳 끄트머리에 찔린 왼쪽 눈이 삐뚜름하게 눌러쓴 검은 베레모 아래서
실명의 세월을 가려주고 있다
점자책처럼 길을 읽어내는 눈 없는 신발마다 그의 잃어버린 눈을 달아준다

합성피혁도 천연가죽도 그에겐 똑같은 재봉틀 아래
실밥으로 고정시켜야 하는 궂은 날이고 갠 날이다
젊은 암석처럼 세월의 인상이 싱싱하게 새겨진 축지된 판화
위에
바깥쪽에서부터 쉬 닳아오는 시간의 굽은
온 생의 척추를 휘어놓기에 충분했다
표 나지 않는 팔자걸음으로 체중을 옮겨 심을 때마다
삐끗 생의 발목이 삐기도 했던 것인데
잠든 꿈처럼 앞코부터 뒤축까지 새겨온 골목들의 내력이
지붕 없는 마당 구석에 내팽개쳐진 청춘의 걸음걸음이
황혼의 둑길 위로 더 이상 갈 수 없는 길들이 목을 빼는
한 평 반 간판 없는 점포 속에서
숙련공의 정교한 손길 아래 비포장 된 타인의 길들이 닦이고
있다
광내 구두 위로 뽀얗게 쌓이는 세월의 먼지가 투명하다

나는 취소되고 있다

나는 취소되고 있다, 그 어느 때보다도 정중히
어느 누구도 알아차리지 못해 무참히 고개를 숙일 필요도 없다
내가 걸어온 길이 취소되었음은 벽보처럼 붙어 있는 공공연한 비밀
나는 더 이상 분류되어질 날을 기다리지 않아도 된다

나는
지키지 못할 약속
파기되어질 계약
책임지지 못할 말씀
접수되지 못할 신청서
구전되어지지 않을 전설
계승되어지지 않을 인습
성공하지 못할 혁명
허가받지 못할 건축물
채택 받지 못할 증거물
해갈되지 못할 가뭄
마르지 않을 장맛비

성립되어지지 못할 도그마
영원히 발 저린 술래
해독되지 못할 암호
석방되지 못할 포로
맞히지 못할 과녁
당겨지지 않을 시위
그려지지 못할 이미지
추론되어지지 못할 개념
육화되지 못할 신화
수행되지 못할 과업
발설되지 않을 소견
발표되지 않을 논문
사장되어질 아이디어
통역되지 못할 외어
체결되지 못할 조약
도래하지 못할 본성
실천되지 못할 이론
조명되지 못할 논쟁

말소되지 못할 미련
수술 받지 못할 종양
완쾌되지 못할 지병
유통되지 못할 생산품
부화되지 못할 자아의 알
해소되지 못할 이율배반
차오르지 못할 샘물
인정받지 못할 예언자
해결책 없는 딜레마
발굴되지 못할 화석

이렇게 많은 나는, 오늘도

쉿, 조용히
아주 조용히 취소되고 있다
바스락거리는 갱지들의 접촉 음
누군가의 손 안에서 둥근 볼펜심이 눈동자처럼 회전하고 있다

안개정국

1.

달렸어요. 하이빔이 자르는 안개의 심장은 쌀미음처럼 희멀건 색이었어요. 코앞의 시간만을 탕진하며 사는 나를 정확히 재현해내고 있었구요. 후진국의 하늘처럼 내려앉은 젖은 발에 마른 입술을 내고 한 뼘씩 해갈을 도모해 보았죠. 환속한 구름의 거푸집이 되어 푸석한 머리칼을 쇠나 삭발해버리고도 당도해야 할 목적지는 안개의 발끝처럼 멀었고 이정표는 일년초처럼 피었다 졌어요. 삼손의 머리카락은 다시 자라고 근육이완제가 뿌려진 안개의 근육은 수술 중 각성 같은 통증을 흘리면서도 몇 개의 강을 건너 왔네요. 푸른 신호등 지나 영원한 기갈의 천형을 받은 시구문을 지나고 있어요. 불막으로 들어가는 시신처럼 뜨거워진 목덜미에 서늘히 감긴 새벽을 걷어내면 비틀비틀 걸식한 빛을 토해내는 하늘 길 가득, 아무도 안개의 이름을 말하지 않죠. 먼 말 불러와 시쳇말로 쏟아놓던, 먼동처럼 떴다 사라진 당신마저 안개였으므로.

2.

포복한 무중력의 늪으로 밀물지는 넋의 냄새. 원근법 사라진 안개의 뼈대를 굽이쳐 반투명한 떠돌이 입자가 되었어요. 철없이 눈 비비던 애간장, 백태 낀 눈동자의 떼거지들을 지나 보이지 않는 것들의 신음은 칙칙폭폭 질주하는 청명한 기적 소리와도 같아요. 질주는 위험하죠. 족쇄 찬 수인처럼 엉금엉금 기어오세요. 안개나라의 법칙대로 싸늘한 레일을 낱낱이 밟으며 오세요. 건너뛰기조차 허용치 못하는 안개군단에 경의를 표하고 무릎은 제대로 꿇어야죠. 훗날 길목으로 트인 그곳에 살가운 꽃이 피더라도 한번 지나온 우린 초대받지 못한 손님이에요. 한순간의 수렁이 평생의 무대가 되어도 서로의 안부를 충실히 전해야 하는, 잘 길들여진 神의 애완동물, 꿈의 자일에 목을 매단 즐거운 알피니스트에요. 절대 내려다보진 마세요. 높이를 가늠하지도 마세요. 안개의 깊이를 밟아낼 순 없어요. 서로의 입자처럼 부유하는 우리는.

3.

자꾸만 뻔뻔해지는 이 눈부신 신앙으로 안개나라를 평정해야 하니까요. 오늘도 죄 발린 아이 하나 안개 속에 파묻어놓았다고 제발 실토하지 마세요. 나의 입은 비루한 용서가 침샘처럼 솟고 있는 면죄의 온상이에요. 절망도 너무 고상하죠. 유창한 혀 놀림의 파고 너머 구원의 방주가 에버랜드처럼 출렁이네요. 재밌죠. 이제 시작이니까요. 아주 유사한 복사본들이 넘쳐나는 항간의 빛나는 포도, 꼴깍 숨넘어가는 순간까지 공증이 필요한 치졸한 사본인을 잊지 마세요. 후박부를 후렴구로 착각하지도 않겠쇼, 설마. 문어발의 진화로도 안개의 바닥을 짚어본 생각일랑 일찌감치 접으세요. 미숙한 시간을 먹고 자라는 인큐베이터 속 구린 음부의 교성일랑 입을 틀어막더라도

유고시집

詩를 쓰는 일은
마치 구조를 기다리며 난간에 매달리듯, 무작정 그것을
꽉 부여잡고 있는 것이라고 누군가 그랬다
내가 모르는 그 시인은
내가 알지 못하는 타인의 사망 소식처럼
어느 백화점의 파산 소식보다도 작은 놀라움으로
그렇게 잠시 스쳐갔을 뿐이었다
죽었구나

장담이 아닌 불안으로
믿음이 아닌 의심으로
대답이 아닌 물음으로
결론이 아닌 전제로
느낌표가 아닌 물음표로

멀쩡한 삶 속에서 어딘가 자꾸만 아파오는 비상식의
신열이 고스란히 고여 있는 행간에서
떨어져 내린 그는

추락했을까, 구조되었을까

아랑곳없는 詩만 아직도 난간을 붙들고 있다
하얀 백지 위에서

새

새장 속에서 새가 묻네
나는 갇혀 있나요?
나는 대답했네
문은 한 번도 잠겨 있지 않았단다
그냥 닫혀 있을 뿐이지

새장 속에서 새가 묻네
나는 탈출해도 되나요?
나는 대답했네
문을 열고 나오렴
운명의 손이, 적어도 며칠 안에
새장 속으로 다시 돌려 보내줄 테니

제2부

첫 키스

지구 밖에서 온 화성인의 별식처럼
이별 후에도 입맛 다실, 한 번도 먹어보지 못한 사람의 맛
평생토록 배고픈, 어쩔 수 없이 미개한 식인종이 되어
자꾸만 작아지고 또 작아져 서로의 입속으로 빨려들어가 버린
휘청 휘청 휘말리던 너와 나의 크나큰 우주

언어의 섬

핀 어 같은 해저의 암호가 떠오른 것이다
바다가 결코 해독해내지 못하는
무성필름에, 새겨진 자막처럼 떠 있어
절망의 정부처럼 거적을 쓰고 버티고 있는 것이다
독설만 먹고도 가라앉지 않는 이 눈부신 부력
감추고 싶은 바다의 하체가 가슴까지 떠오른 것이다
결박당한 물의 사슬들이 밤새워 끊어지는 소리
허구의 영토를 적시고 또 적시는 것이다
미친 해풍이 뒤통수를 후려치더라도
길 잃은 바람의 신호등처럼 간간이 피어 있는
섬의 꽃들은 뭍이 그립지도 않은 것이다
자객처럼 뛰어드는 통통배 한 척 없어도
격랑의 발언조차 그늘의 영토가 되는 무인의 섬
바람이 물 위를 걸어와 전설 한 마디씩 던져주고 가는데
멀어지는 넋도 한 번씩 뒤척여보는 흙의 몸이 되고파
바다의 음부가 유방처럼 솟아 오른 것이다
두려워라, 고립되어버린 질탕한 이 자유
끝나지 않는 끝말잇기처럼

파도가 말을 걸어와도 알아듣지 못한다
바다가 말을 걸어와도 대답이 없다
꽃의 철망이 자라는 유배지는 밤마다 별빛의 축배를 들고
바다가 뜯기는지 섬이 뜯기는지
출렁이던 비극이 딱지처럼 앉아 있는 이 자리
한 번씩 수정된 알들을 바다 깊숙이 빠뜨리면
부서져 돌아오는 이름, 이름들 사이로
바다 속 섬 아기들이 열매처럼 자라는 소리
수평선을 잘라 만든 문장들이
하늘과 바다를 다시 나누어 주고 있는 것이다
멸종당한 물고기들이 환생하는 쥐라기의 바다처럼
바다의 탈을 쓰고 두근두근 밤새 춤추는 섬
매일 아침 백지로 눈을 뜨는 것이다

흐린 날의 프리웨이

기억을 도청하기 좋은 날씨
내가 달리는 길이 지상에 없음으로
무엇을 잃으며 왔는지 상업적이지 않기로 한다
멀미마저 통행료로 지불해버린 미끈한 질주 위에
습도가 냉소적으로 차올라도
장송곡 같은 가락으로 동조하지 않기로 한다
(예보는 적중했다 주말까지 흐림, 태양의 일시적 전복사고
불길하다고도 하지 않기로 한다)
흐림의 상체를 일으켜보면 이마 위에 지은 구름의 생가
이 덧없는 장르를 언덕처럼 넘으면
희귀질환의 하늘로 잇댄 시속 80마일의 세월도
끝말잇기 같은 독백 속으로 사라지겠다
나는 폭발하기 직전의 빗방울, 방울방울
빛의 화환을 걸었던 신대륙은 치안유지가 불안하다
유토피아의 낙인 같은 태양은 없음!
클로버형 인터체인지마다 절망을 깜빡이는 홍등이 피어
바퀴들이 정체되곤 한다
여전히 노선은 바뀔 수 없다

심심하면 뒤집어엎는 공사 중 푯말 아래
바리케이드가 구명보트처럼 착실하게 도열해 있다
해의 말을 자르고 꾸물꾸물 휘감기는 전류는
검색창처럼 열린 창문마다 누누히 누설되고 있다
비 오는 나라를 버리고 비 없는 나라로 망명
오늘도 개어 있길 원치 않는
노예시대의 흑인처럼 자꾸만 비굴해지고 있나
그늘의 버전으로 퍼지는 파시즘의 향기도
제한속도 위에 소정의 벌금처럼 머물고 있다
계기판의 바늘처럼 멈춰버린 핸들 아래
일방통행의 길은 자막처럼 흐르는데

할로윈

내장을 꺼내들고 시가행진 중인 아이들 위로
오렌지빛 호박이 고명처럼 날아다녀요
마녀와 동거하는 애기자궁을 키우며 사는 아이들은
헐크로 변장한 옷으로 밤을 찢어 펄럭이며 뛰어다녀요
셸리마저 죽이려 드는 프랑켄슈타인이 북극해의 빙하로 굳기 전에
캔디 캔디를 주세요 마약이 섞이지 않은
관능의 식용물감에 담그지 않은
순결하고도 순진한 캔디를 주세요
고막이 터지지 않는 건 마시멜로 같은 켈트족의 전설에
첨벙 뛰어들기 때문이죠
신데렐라의 분칠한 인형들이 웃음에 걸려 넘어지고 일어설 때
오즈의 마법사가 만든 캔디를 주세요
울지 않을 게요 피딱지 말라가는 뱀파이어의 목에 걸린
백혈의 통증으로 마비된 캔디를 주세요
당의정 같은 악의 꽃이 그려진 캔디를 먹고도
마지막 가을의 하루만이라도 낙엽처럼 구르는
우리는 쫓겨난 계절만 파먹고 사는 비렁뱅이 피조물

잭-오-랜턴의 불꽃 속에 박힌 빛의 이빨로 어둠을 부수고
동심의 그림자 속에 웃고 있는 요귀들을 섬겨요
오늘은 불구의 마음들이 육신을 입는 밤
오늘은 불구의 육신들이 온전하게 외출하는 밤
꼬마악령의 무덤 같은 볼록 꽃밭 위로 만삭의 산통이 지나가면
어둠의 목을 조이는 알록달록한 손들 사이로
명랑하게 본뜬 죄성
Trick or Treat! Trick or Treat!

이월란

클릭을 하시면 이월란(移越欄)이 뜹니다
나를 보고 싶어 이월란을 클릭한다
내게로 넘어온 계정을 찾는다
이전의 결과를 추적한다
내가 넘겨받은 기간은 무한대
마감일을 알 수 없다는 것은 곧 영원이다
내일로도 넘어가고, 다음 주로도 넘어가고
다음 달로도 넘어가고, 다음 해로도 넘어간다
전액을 넘겨줄 다음 회기는 여전히 안전한가
옮겨온 과정은 철저히 비밀에 부쳐져 있고
전해진 경로는 말끔히 지워져 있다
손에 있는 활자나 숫자들의 기원은
검고 때로는 붉은 잉크 위에서 감사를 마쳤다
전생에서 내세로 넘어가는 얇은 장부 속
단식과 복식 부기가 번갈아가며 달을 넘기고
또 해를 넘겨 왔겠다
아직 끝나지 않은 손익계산서
어디선가 고스란히 넘어온 항목과 잔액이

문신처럼 새겨져 있던 신생의 거래내역은
미수금처럼 마이너스로만 뜨는 기장 사무실에서
복사만 시켜도 자동으로 불러오고 자동으로
넘어온다

목격자

아침 출근길

I-15 프리웨이 입구, 왕복 사차선의 원형교차로는 잠에서 깬 지 오래였다

선두에서 좌회전 신호를 기다리고 있는데

비보호로 착각했는지, 급했는지 갑자기 옆 차선의 차가 둥근 질주를 시작했고

사각지대에서 직진해 오던 차와 순식간에 충돌했다

3초간, 목전의 필름 속에서 박살이 난 두 대의 차량

보닛은 반대기처럼 구겨지고 엔진은 설익은 만두소처럼 터져 나왔다

오차 없는 신호등의 점멸을 기다리던 생의 로터리는

공소시효가 지난, 시제 없는 기억 속의 도로 같다

신호등 없는 마음의 거리는 무법천지다

밟아도 밟혀도 따질 수 없는 무성영화의 경적이 울리고 있다

마음이 꺾이는 환상교차로는 사방이 비보호다

몰몬 선교사처럼 하얀 셔츠를 입은 남자가 외상 하나 없이 차에서 내린다

붉은 얼룩을 기억색처럼 떠올리는 관중들에게 셔츠가 눈처

럼 부시다

초록 신호가 동서남북으로 하루해처럼 한 바퀴를 혼자 돌고

남자는 천사처럼 생명의 복음을 들고 갓길로 처박힌 충돌 차량으로 걸어가고 있다

거리에서 픽업당한 조문객을 자가당착에 빠진 눈들이 주시하고 있다

핸들을 놓을 수 없는 사람들은 더 이상 지체할 수가 없다

목숨이 꺾이는 사거리마다 제 시간에 닿고 제 시간에 떠나야 하는 생의 출퇴근 시간

나는 타인으로 규정되어 충돌의 잔해로 버석거리는 도로를

폐타이어 같은 네 발로 유유히 빠져 나간다

아무도 내게 증언을 요구하지 않는다

다소 원시적이고 다소 비과학적인 공존의 법칙

완벽한 충돌의 장면은 항간에서 실수 없이 편집될 것이다

완전범죄와 미결사건으로 매끈히 다져진 교차로마다

나는 여전히 판결을 기다리는 미결수

예고편 없이 순간적으로 편집되고 마는 무작한 불특정다수의 돌발영상이었다

험로는 교묘히 은폐되어 있다 영혼의 직장으로 가던 사람들
3교대 밤일을 마치고 국적 없는 주소의 집으로 가던 사람들
오늘과 내일, 예측불허의 최종 경계선은 그리 멀리 있지 않다
경찰과 구급차량들이 후렴곡조 같은 사이렌을 울리며 달려오고 있겠다
사금파리처럼 반짝이는 파편들을 분리수거하는 아침 햇살이
신호등 대신 후사경 속에서 반짝이고 있었다

작은 질문, 큰 대답

앞머리는 갑자기 왜 싹둑 잘라버렸니?

내 인생은 단 한 번뿐이니까

알래스카

자유가 끊임없이 내리는 핸들 앞에
ALASKA 번호판이 끼어든다
오래전, 군용비행기에 실려 잠시 날개 접었던 곳
군 기지 휴게실 창밖으로 보이는 랭겔 산맥의 눈은
트랩이 닿지 않는 하늘처럼 하얗고 높았다
백인과 피가 섞인 여름에 잡은 물고기를
호호 불며 이글루 속에서 동면하는
알류트족의 '섬'이 아닌 '땅'
지루했던 십대의 방황처럼
지도 위에 없는 낯선 도시, 낯선 활주로를 달린다
알래스칸이 모는 알래스카를 따라간다
언젠가는 사라질 베링 육교를 타고 시베리아로 달린다
꿈처럼 낮아지고 또 낮아진 해수면 위로
매머드를 좇는 홍적세의 인간처럼
다져진 새 땅을 밟고 아메리카로 걸어온
나는 빙하의 생물
빙하빙의 계단을 오르내리는 웅대한 기억의 크루즈는
초저공비행도 가능하지, 우회 항행도 가능하지

제트 엔진이 읽어내는 기억의 데이터는 끝이 없어
작은 섬 버리고 큰 섬으로 온 뜨거운 정수리를 이고
예감 없이 차선을 바꿔버린 나는 저체온증의 알래스칸
질주하는 기억 속으로 멀어져가는 저 에스키모를
따라가기엔 한 발 늦었다
늘 놓쳐버리고서야 뒤돌아보던, 그 눈부시게 시린 것들
초음파 심도계 같은 오른발이 누르는 가속페달로
기억의 간선도로 위
교통량이 적설량처럼 부쩍 느는 시간이다
봄이 오는 길목에서 순백을 품고 누워
나는 한동안 백야로 접어들겠다

잠수종과 나비*

이 작은 창으로도
전신 마비된 세상이 훤히 보이네
늘어진 입술 밖으로 흘러내리는 침은
바다를 먹고 산 마지막 수액
가슴이 넓고 오색 빛깔이 고운
두 쌍의 날개가
이제야 허물 벗는 소리 들리네
E, S, A, R, I, N, T, U, L**
깜빡
천국의 알파벳이 유서처럼 들릴 때마다
O, M, D, P, C, F, B, V**
깜빡,
잠수종을 짊어진 나비 한 마리
H, G, J, Q, Z, Y, X, K, W**
깜빡,
거대한 감옥을 지고 날아가네
창살을 뚫고 나가는 수만 마리의 기억들이
상실의 악보를 쓰고 있을지라도

내게 탑재된 미사일을 쏘아 볼게
심해의 바닥은 비상을 위한 활주로여서
내가 나비였다는 사실, 을
이제야 말할 수 있네
뒤돌아보는 나비 한 마리
결코 그리 거대한 사건이 아니었다네
눈동자만 한 창 하나 소리 없이 닫는 것
그대여, 가끔은
자유로이 갇히는 부드러운 감옥을 짓기를
그대여, 오늘도
수많은 나비와 함께 있기를

---

*줄리앙 슈나벨의 영화 〈The Diving Bell and the Butterfly〉.
**언어치료사가 고안한 알파벳 순서.

감염자

우리 집 강아지의
ID칩 하나를 손톱 아래로 끼워 넣었다
애완동물처럼 나를 잃어버려도 식별해내고 싶었다
출입문의 보안장치처럼 나를 안전하게 지켜내고 싶었다
온갖 파일을 기억해주는 휴대전화처럼 나를 작동시키고 싶었다
탈 없는 목숨은 살아 있지 않는 것
맑은 아침, 바이러스에 감염되었다
오래전 이식해 둔 인공장기에
누군가 온라인으로 침입해 온 건지도 모르겠다
해커들은 도처에 널려 있다
최악의 프로그램을 향해 돌진하는 세상에서
무뇌아인 나는 스스로를 복제할 수도 없다
데이터는 밤새 입력되고
파일은 벌건 대낮에도 사라지고 있었다
치유의 명령어를 잊은 지도 오래였다
신은 애프터서비스를 처음부터 거절하였다
충전의 소실점은 어디인지 아무도 가르쳐주지 않는다

항간에 떠도는 무료 백신들은 그리 믿을게 못된다
나의 스페이스는 보완되지 못한 파일들로만 꽉 차 있었고
잦은 다운로드드로 하드웨어는 경박해져 있었다
손상된 프로그램들은 마비된 네트워크 속에서 미아가 되었다
상주시킨 메모리들은 제어권을 내어주고
신종 인플루엔자처럼
혈류에 실린 수백만 개의 버그들은 세월보다 빨랐다
내성이 붙을 때도 되었건만 변종의 속도를 따라가진 못한다
브레인은 시동이 걸리지 않는다
취약점을 낱낱이 들켜버린 내 몸속의 슬래머 웜
하이퍼텍스트로 나를 검색해낼 수 없을지라도
경솔히 전원을 끌 수는 없다
두 눈 속 모니터에 동공만 한 어둠이, 다운 직전이다

G.I. 신부*

어린 신랑을 전쟁터로 보내놓은 그녀는
낮에는 GI Bill**로 열심히 방정식을 풀고
밤에는 바이브레이션 정교한 어덜트 토이를 가지고 논다
유선 TV에서 빵빵거리는 총소리가 들릴 때마다
가슴이 따끔거리기도 하지만 그리 오래 되새길 건 못된다
독립기념일 불꽃놀이 같은 총탄의 소음은
총알받이의 고통이나 제일선의 환희처럼 순간적이다
전쟁놀이는 끝났단다, 작전명도 바뀌었단다
자유 작전에서 새 여명 작전으로
그가 탄 비행기는 놀이동산의 로켓처럼 수직으로 하강했단다
테러범들의 눈동자보다 훨씬 더 빠른 속도로, 물론
사상범들은 매일 사상자들의 통계에 열렬히 동참하고 있다
일으킨 이가 선포하는 종전의 선언은 언제나 KO승
비전투부대는 여전히 남아서 컴퓨터 게임을 즐기고 있겠지
전리품은 온라인에서 오프라인으로 교묘히 이동 중이다
비밀코드는 넘쳐도 결코 과분하지 않은 치안의 유지
미들 이스트인들은 언제나 호전적이지
일 년간 전화를 압수당한 그가 웹캠 속에서 로봇처럼 말을 한다

전쟁수당은 어디에 숨겨 둔거지, Baby?

돌아가면 우주정거장에 가기로 했잖아, Honey?

그래, 달나라에 갈 건지, 별나라에 갈 건지나 고심해야겠지, Sweety?

그녀의 질 속에서 혹은 석유의 땅에서 길들여지고 있는 평화의 변태

괄약근의 수축운동이 멈추지 않는 한

오일이 피로 물들지 않는 한, 지상은 낙원이다

진동의 내성은 어느새 유창하게도 사랑을 구사하고 있다

기다림을 똑똑 따먹고 사는 진자운동의 자기장이 물결처럼 퍼지면

장난감을 손에 쥔 오른쪽 팔뚝에, 시퍼렇게 얻어터진 것

같이 보이는 올빼미 문신이 꺄르륵, 웃고 있다

---

*GI bride: 미국 군인의 처가 된 타국의 여자.

**GI Bill (of Rights): 복원병 원호법.

눈물의 성

태평양은 바싹 말라버린 사막이었지
빠져 죽지 않고 건너 왔으니
모하비가 출렁일 줄이야
웰컴 홈의 홈으로 들어오면
매트리스 위에 떠 있는 별들은 펄떡펄떡 살아 있었어
불법체류 중인 계절들이 쫓겨날 때마다
마법에 걸린 시야가 차려놓은 망명의 도시
사리처럼 반짝이는 거대한 보석의 집 속에서
니네 엄만, 메이드 인 코리아?
자꾸만 뚱뚱해져 함락될 수 없는 투명한 요새 너머
유두만 한 땀방울을 송알송알 키워내며
정신줄 놓고 밥만 해대던 그, 늙은 여자
다신 건너갈 수 없는 바다 속
주물처럼 날 키워내고 있는 저 성벽
돌아보면 단단한 성들을 모두 무너뜨리고
흐르는 듯 멈춰 담을 쌓아올리는 그녀와 나의 수성(水城)
건져내지 못한 진실로 서러워지는 경계마다
세월이 타고 남은 자리

나를 가장 먼저 알아보는 그 자리
내가 태어난 곳이라는 거야, 글썽글썽 쌓이고만 있어
결코 함락될 수 없다는 거야, 더 이상 늙지도 않는 그녀가
설계도를 갖고 도망쳐 버렸거든

페르소나

1

매일 다시 태어나
매일 다른 목소리로 울고 있는
나의 페르소나

정신분열증에 대한 검색을 한다
조발성 치매에 대한 검색을 한다
익명의 페르소나가 검색하는 검색창엔
"검색 결과가 없습니다.
다른 이름으로 검색하십시오"

위장 전입한
등급 없는 증세
ㅇ
ㅇ
none found

경고만 뜬다

2

토비의 눈을 빼서 내 두 눈에 박고
토비의 혀를 잘라 내 혀에 덧붙이고
토비의 입을 잘라 내 입속에 넣고
토비의 네 발을 잘라 내 손발에 달고
토비의 귀를 잘라 내 귓불에 달고
토비의 가슴을 잘라 내 가슴에 심고

나는, 개 같은 년이 되었다

장미전쟁

아랫도리엔 사우디아라비아
뒤꿈치엔 쿠웨이트
옆구리엔 이란
정수리엔 터키
겨드랑이엔 시리아
자, 나를 알고 적을 알면 백번 빅토리?
흰머리 소년이란 닉네임은 임금님 귀는 당나귀 귀라고 외치며 그러데
까까머리 고등학생 때 교관도, 신병훈련소 조교도, 신입사원 정신교주도
입이 닳도록 그랬다는데, 전쟁이든, 사업이든, 연애든
호호, 손자병법 모공 편에는 백전백승이 아니라 백전불패라고
오나라 손 선생은 함부로 승패를 입에 담지 않으셨다는데
빅토리, 빅토리, 승리는 우리의 것?
조조도 다케다 신겐도 나폴레옹도 애독하고 필독하여
드디어 위태롭지 않았을까, 드디어 승리했을까
36계 줄행랑으로 똥줄이 빠져도 37번째를 기억해야 된다고
남을 속이려거든 너 자신부터 속여라

목적과 수단이 수시로 동침하는 마키아벨리의 윤리도

르네상스 인들의 고고한 예술처럼 언제나 오리무중

평생을 독립을 위해 몸 바쳤어도 마지막에 변절하면 댕강, 모가지

기름이 넉넉해야 김치전을 부친 때도 누릇누릇, 기름기가 좔좔 흐르지

이라크의 엑센트를 제대로 익힐 때야

Welcome! Thank you, Please, May I? I'm ready, OK, Hands up!

알람 와사흐람, 슝크란, 아르중크, 뭄킴? 아니자히즈, 오케이, 이르파에다이크

알아듣겠니?

세컨드 랭귀지

세컨드는 늘 천박했다
밤에만 화장을 하는 야행성이기도
은근히 첫 번째를 넘보는
언감생심 서울까투리이기도 했다
험난한 여정은 이미 예고된 길이건만
그래도 은근히 호기심을 자극하며
엿보고 싶은 혼외정사의 휘장 뒤에
버젓이 살림을 차려놓았었다

나의 세컨드는 처음부터 눈치만 늘었다
행여 그 알량한 자존심이라도 건드릴라치면
몇날 며칠 침묵시위를 벌였고
속 깊은 첫정은 조강지처를 넘볼 수 없으리라
그래도 살살 달래주면 사는 재미가 쏠쏠하기도 했었는데
오늘도 데리고 다니지만 남의 옷인 듯 헐렁거린다
한 마디를 하면 속말이 숨어 있을 것만 같아
아직도 개운치 않은데, 저 눈빛은 또 뭐람

세컨드는 늘 세컨드의 또 다른 의미를 숨기고 있었다
요즘엔 세컨드도 유행이요 능력의 척도라는데
혀끝에선 숨길 수 없는 세컨드의 자격지심이
사투리 같은 악센트를 넘나들며 굳은살로 박이고 있는데
가끔이라도 헤헤헤 웃어야 제 맛인 걸
평생을 HeHeHe 웃어야 한나니
요즘은 세컨드 세상이라고

독방

나는 아름다운 사형수
동거인은 축출 당했다
체포된 나의 범행은 철문처럼 육중하다
집행 날짜는 깔깔 웃는 갓난아이의 혀 밑에서
두 손 드는 서프라이즈
사방의 벽들이 돌아앉아 가부좌를 튼
사각의 방 속에 정면으로 등록되었다
피나는 출생의 대가로 지불한 승리의 방
아무도 나를 들여다보지 못한다
월계수 잎을 드리운 호흡 없는 방
자꾸만 낮아지는 천장 아래
바람의 그림자가 스칠 때마다
창살에 목이 졸린 하늘이 파랗게 질려 있었다
손바닥만 한 창으로 폭죽 같은 날이 밝아오면
감금당한, 더욱 허황해지는 이 독무
매일 밤 야반도주를 하는, 살아 있다는 이 눈부신 치욕
망연히 눈뜨는 아침의 행방은
뼈 집 사이로 까치발이 설 때마다 움푹 꺼지던 행간

배심원들의 눈엔 언제나 증인과 증언만이 보일 뿐
길을 잘못 든 듯, 나비 한 마리
한동안 날갯짓을 하다
창살 같은 나의 갈비뼈 사이로 날아가 버린다
나비가 날아간 길 따라 줄선 몸이
쩌억 갈라지고 있었다

마루타 알바*

하루 종일 피를 뽑은 다음날, 하늘에선 피가 내렸다
부작용에 대한 경고처럼 숙소 주변의 수목들은
빨간 물방울들을 빨아 마시곤 헉헉 피를 토해내고 있었다
빗속을 뚫고 달리는 버스 속에서 하얀 실험쥐처럼 감금된 시간
토악질도 해주고, 기절도 해주고
눈앞에 푸른 지폐가 훨훨 날아다닌다면
곤충채집 당한 나비처럼 압정에 꽂혀 내 싱싱한 날개를 접어도 주리
혈관을 타고 전생의 가난이 흘러들어 올 때마다
구차한 목숨, 기꺼이 이승의 피험자가 되어주리
혈관에 꽂히는 카테터마다 칼빵, 담배빵으로 자해한 살갗이 박제되고
이름 없는 나는 시관 속으로 처방되어지지 않을 시약처럼 담겨지고
채혈 판 가득 시판되기 위한 데이터가 뱀파이어처럼 전송되고 있다
35만원을 손에 쥐기 위해 신과의 도박을 시작한 사람들
막다른 골목에서 달랑 남은 한 장의 카드는 시험관처럼 미끈

한 몸뚱이
731부대의 마루타가 되어주리
허가받은 저 하얀 가운의 전범들 앞에서
세습 중인 상스러운 피는 고상한 차트에 기록 중이다
나는 이제 붉은 주스만 마실 것이다
쩍쩍 갈라지는 가뭄에 살이 타들어가기 전에
희망 뒤에 오는 순서는 물론 적대감이라
품위 있는 도시의 발작은 허용되었고
나는 탈옥수처럼 도주한다, 또 다른 나의 독방으로

---

*돈 받고 신체를 제공하는 생동성 아르바이트.

거래

떠나온 고국은
초현대식으로 각색된, 지나온 시절 시절이 차려진 거대한 선
물가게다
행인들은, 아무도 두고 온 80년대의 걸음으로 활보하지 않는다
나를 건너뛴 세월은 붙박여 산 그들에게만 부가가치를 새겨
두었고
국경을 넘어버릴 망명자에게 잠시 샵 리프팅을 당한 나는
그들 옆에서 같은 공정을 거친, 같은 가격의 선물로 진열되고
싶어진다
버리고 온 것들은 결코 그 누구로부터도 버려지지 않았다
무슨 억하심정이라도 품었는지 일이십 년, 단 한 번도 고국
땅을 밟지 않은
이민자들은 마음속에 아직도 성업 중인 골동품 가게 하나씩
은 운영하고 있다
홍정 없는 길손의 상행위는 대체 무슨 영리를 꿈꾸고 있나
나의 지갑을 차곡차곡 채워온 그리움의 업보를 거리마다 지
불하며
버리고 왔어도 홀로 장성해 있는 공백의 세월 한 줌 선물로

들고 온다

넘치는 지갑으로 불쑥불쑥 충동구매를 일삼는 두 눈엔 모든 것이 면세품이다

낭만으로 포장해버린 뿌리 없는 영세업은 아직도 건재하다

손님인 척 나는 또 갈 것이다, 일방적인 거래가 이루어질 것이다

여린 종소리 하나 없이 열리기만 하는

공항의 자동문 너머 차려진 거대한 선물가게로

공항 대기실

1

군복무늬가 하얗게 표백당한 군용기 한 대 지상으로 복귀한다
영공을 날아다니는 꿈을 수비하고 돌아온 삶의 전투는
기착지마다 무디어진 무기들로 분리수거 당했고
탑승객들은 다시 미션으로 돌아갈 것이다
목자 잃은 슬픈 노마드 족들은 구름짬마다 집을 짓고
은익 같은 디아스포라의 화석을 새긴다
아직 전사자는 없다
다만, 일등석 중간쯤에 열두 시간 동안의 기내식을 모조리 토해놓은
토사물이 그가 날아다닌 정처 없는 지상의 지도를 그려 두었을 뿐이다
날개가 없어도 머물지 못하는 행려의 자취는 원격조정당하고 있다
한적한 국내선, 상아빛 육질마다 혼혈의 고향이 묻어난다
물빛 해조음이 악센트를 달고 증발한다
대형 실내 화분들이 스넥바마다 작동 중인 랩탑 모니터 속에서
유년의 갈숲을 동시통역 하고 있다

휠체어를 탄 제3국인이 지구를 굴리며 오고 있다
영혼의 질긴 뼈대는 기억의 생가 속에 미라처럼 누워 있고
지평선 너머 사막에 용접된 설원이 이젤에 걸린 화폭처럼 펄럭이고 있다
너울처럼 세월 걸친 어깨마다 환히 젖는 눈시울
우린 지층 속에 숨겨진 원유를 찾기 위해
그리움의 탄띠를 허리에 차고 화약고 같은 노을로 뛰어든 자살테러범
영혼의 동란이 수시로 폭파하는 적막한 분화구
희사 받은 종말의 안식을 위해 유방이 서른 개씩 달린 이방의 여신에게
절을 하며, 버리기 위해 움켜쥐는 야누스
본토발음으로 주문을 외어 나의 제사를 집전하는 모순의 은폐자
그리움의 해쥬에 빠진 이방인이 되어
빛의 순도 앞에 핼쑥해진 낮달이 되어
영혼의 절규가 익숙하게 세뇌 당하고 있는, 이 길도 알고 보면 초행길

지느러미 같은 활주로에 떠도는 영혼을 유도등이 제대로 유혹하고 있다

2

격납고에 넣어둔 두 개의 인물화는
꺼내볼 때마다 서로를 조금씩 더 낯설어했다
12시간의 비상으로 숙명의 늪을 선회할 수 있다고 믿었을까
발급 받은 신분이 이착륙의 수속을 마칠 때마다
상승하고 하강하는 시작과 끝은
언제나 두 발 닿는 게으른 뭍이었다
바람난 애인처럼 언젠가는 이렇게
아우성치는 군중 밖으로 떠나고 싶었지
저 날개에 실리면 더 높은 곳에 닿으리라 여겼었지
망연한 탈출로 위에는 환한 대낮에도 유도등이 깜빡이는데
어디론가 수송당하지 못해 안달하던 날들에게
주변머리 없는 주변인이 되지 못해 애태우던 날들에게
낯붉히지 않을 날을 그리며
두 손 들고 알몸 투시기를 거칠 때마다

푸른 눈동자들 앞에 서 있을 미래마저 낱낱이 투영 당하고 싶었지
금발의 피가 끓어도 정들지 않는 검은 정수리를 이고
사어(死語)들이 많은 곳으로 늘 돌아가고 싶은 사람들은
다시는 돌아오지 않을 듯
스스로의 박해를 견디지 못한 도주자가 되어
다시 길들여지고 싶은 야생의 짐승처럼 순하게 줄을 서고 있다
머리만 부유해진 난민들은
들지 못해 끌 수밖에 없는 목숨 같은 가방들을 접수시키고
나름대로 챙겨둔 생의 세금을 포탈하며 면세지역을 통과할 것이다
은빛 동체를 정박시킨 거대한 새들이 차창 밖에서
모이처럼, 늘 그렇듯, 때 늦은 이민 가방을 삼키고 있다
지구의 사계절이 모여 사는 환절의 빌딩은
두 개의 혀를 가진 경계인들에게 꽤나 잘 어울린다
폭설로 길이 막혔던 과거를 여권 속에 끼워 넣고
안개마저 망명해버린 해맑은 날
국적도 없는 바람이 텃세를 부린다

스케이트보드 타는 아이

엄마의 뱃속은 늘 흔들렸어요

엄마가 걸을 때도
엄마가 뛸 때도
엄마가 웃을 때도
엄마가 울 때도

세상은 흔들리기엔 너무 넓잖아요. 엄만 내가 아직도 저 벽에 걸린 얌전한 아이라고 생각하시나요. 60×20cm의 보드는 가장 넓은 나의 영지에요, 두 발이 진화되어버린 고등한 날개. 우린 밤마다 가속이 붙어 아침이면 날마다 조금씩 더 민첩해지죠. 이 작은 땅 위에서 난 여전히 재배되고 있어요. 땅속의 벌레들도 날 갉아먹진 못하죠. 순간적인 착지는 다시 날아오르기 위한 쉼표일 뿐이에요. 마침표는 없어요.

나도 한 번씩 눈물이 났어요
나도 한 번씩 화가 났어요
나도 한 번씩 두려웠어요

팔꿈치와 무릎이 성할 날이 없네요. 붉은 갑옷을 입을 테야요. 내 살이 깎이며 만들어진 전신 보호대야요. 찡그리지 마세요. 사람이 모두 상처를 닮지 않았던가요. 흔들리는 땅에서 두 발을 떼어 보세요. 실수도, 오류도 없는, 바이올린의 현처럼 가늘고도 팽팽한 음표 같은 길들이 모두 삭제된 백지에요. 고작 대지에서 머리까지인, 그 짧은 사정거리 안에서 길을 잃고 헤매고 있잖아요.*

헤비메탈의 파열음 속에 깃털처럼 흐르는 멜로디는 우리들의 고백이에요. 그 묵직한 비트와 금속음으로 어젠 저 앞산 노을도 코피를 터뜨렸어요. 우린 무한궤도 없이도 무한대를 날아요. 신호등도, 제한속도도 없는 허공의 바다(바다는 육지의 2.4배, 허공은?), 엄만 속빈 바다갈대처럼 흔들리는군요. 파도를 타는 서핑보드 위에서 파랗게 날아보실래요?

---

* 비스바와 쉼보르스카의 『끝과 시작』 중 「친구들에게」에서 인용.

그 순간이 다시 온다면

그 순간이 다시 온다면
나는 다시 넘어지겠습니다
돌아가는 길이 바로 옆에 있었음이
지나오고 나서야 환히 보였을지라도

그 순간이 다시 온다면
나는 다시 가시밭길로 가겠습니다
장미꽃 만발했던 그 길이 보일지라도
나는 다시 울음 섞인 그 길로 가겠습니다

그 순간이 다시 온다면
나는 다시 이별의 길을 택하겠습니다
만남의 미소만으로 환한 길은
이 세상에 없다는 것을 이제야 알 것 같기에

그 순간이 다시 온다면
나는 다시 당신을 택하겠습니다
웃음보다 눈물이 많았을지라도

감사보다 원망이 많았을지라도

그 순간이 다시 온다면
나는 다시 철없이 울겠습니다
눈물이 있었기에 웃을 수 있었고
원망이 있었기에 감사할 수 있었으므로

그 순간이 다시 온다면
나는 똑같은 길을, 처음인 듯 다시 걷겠습니다
내게 주어진 단 하나의 길임을
이제야 어렴풋이나마, 알 것 같기에

가을학기

낙엽이란 과목을 선택했다
꽃들의 후일담을 읽어도
왜 떨어져야만 하는지 알 수 없었으므로

바람이 안고 쓰러지는 계절이
활짝 핀 계절보다 더 눈부신 이유는
곧 떨어질 것임을 알기 때문이라

세상이 마음대로 되지 않아요
한 움큼의 알약을 m&m처럼 삼킨 아이가
위세척을 받은 병실에서
엄마의 눈 속에 내리는 계절

떨어진다는 모든 것들을 단숨에
외워버린 후에도 뿌리는 정답을 품고
땅속 깊은 곳에 숨어 있다

히브리어에 능통한 교수가

겨울 강을 건너기 위해 허공을 헤엄치는
낙엽의 비극을 홀로코스트처럼 증언한다

정년을 넘기고도 퇴직하지 않은 나무 아래
사람들은 죽은 잎들을 모아 태우며
침묵의 하늘을 향해 번제를 드리고 있다

구둣발 아래 울고 있는 계절
무성하게 죽은 것들이 사람의 길을 쓰다듬고
늙은 캠퍼스 하늘나무에도 단풍이 든다

마디 없는 어린 소녀의
마른 나뭇가지 같은 삶 위로
꽃은 언제 피었다고 벌써 떨어지고 있는지

처서

비 오고 독 비듯
비가 오고 당신이 간다

흉년의 바람처럼 눈은 왜 시린지
해산의 징후 같은 이슬이 내리고

나는 예전처럼
긴소매 옷을 꺼내어 가을을 입는다

냉을 삼키고 입이 비뚤어진 모기처럼
할 말을 잃고 휑한 옆구리

논에 물댈 일도 없어
눈은 하릴없이 책을 말린다

귀뚜라미 등을 타고 오는
당신은 그저 울기만 하고

지심 매던 주름진 사람들은
저물 때를 알아 죽은 땅에 벌초를 한다

발 없이도 세상이 간다
한풀 섞인 너운 바람이 되어

오래된 당신이 간다

세월

1

새끼손가락만 한 여행용 향수병을 가지고 다녔다
여행을 얼마나 자주 간다고
여행지에서만 한두 방울씩 뿌린다면
평생을 뿌리고도 남았을 양이었다
그러던 어느 날
귓불 뒤에, 손목 위에, 맥박 따라 새겨두려 보니
작은 벨벳 주머니 속에서 뚜껑이 열려 있다
한 방울도 남지 않고 다 날아가 버렸다
어디로 간 것일까
누구의 맥박 위에서 훨훨 헤픈 날개를 풀었나
그 많은 향기들은

2

어젯밤 잠들기 전, 시 몇 가닥 적어 두었었다
침대 머리맡에 놓아 둔 메모지가 온데간데없어
일어나기가 귀찮아
까만 허공에 눈빛으로 단단히 적어 두었었다

아침에 문득 생각이 나 베끼려고 봤더니 간데온데없다
눈을 씻고 봐도 없다
누가 그새 다 베껴 쓰고 말갛게 지워놓았을까

표절 시비

깜빡, 선잠에서 깨었는데
옅은 꿈속에서 본 장면들이 재방송 화면처럼 오버랩 되고 있다
유릿빛 모니터, 푸른 지도, 깜빡이던 붉은 불빛
그리고 선명히 보이던 문구까지
자동 편집되다 삭제되어버릴까 얼른 카피해 두었는데
그만 짧은 시가 되어버렸다
정말 꿈이었나
꿈에 밟힌, 의식과 무의식의 중간이라는 잠재의식이었나
비몽사몽간 번뜩이는 필름 사이로
무의식이 의식에게 자꾸만 시비를 건다, 표절이라고

해설

자기 탐구와 시적 자의식, 그리고 사랑의 서정

유성호 (문학평론가 · 한양대 교수)

1.

두루 알려져 있듯이, 서정시는 '시간'을 가장 커다란 방법적 기제로 삼는 언어예술이다. 이는 서정시가 시간 자체에 관해 관심을 가진다는 것을 의미하기도 하지만, 다른 한편으로는 서정시가 시간 속에 불가피하게 놓인 사물의 존재 방식을 표현한다는 것을 함축하기도 한다. 이월란 시인의 『오래된 단서』(문학의 전당, 2016)는 그녀의 남다른 열정과 사랑의 마음이 가득한 심미적 결실로서, 이러한 '시간 예술'로서의 서정시의 속성을 충실하게 보여주는 사유와 감각의 도록(圖錄)이라고 할 수 있다. 이월란 시인은 시집의 맨 앞에서 "모이기 시작하고 있는/신비로운 물으로 가고 싶을 때마다/죽은 말들을 화석에 새긴다"(「시인의 말」)라고 고백하고 있는데, 이는 그녀 시편의 정공법을 암시적으로 말해주는 실존적 고백에 가까운 말일 것이다. 아닌 게 아니라 시인은 이번 시집에서 특별히 심혈을 기울여 자신을 탐구하면서 자신이 "죽은 말들"을 넘어 "모어(母語)"의 신비에 다다르는 과정을 섬세하게 보여준다. 그리고 그 과정을 거쳐 궁극적 자기 긍정으로 귀결하는 모습을 아름답게 보여준다. 다음 시편을 먼저 읽어보자.

전쟁의 유물처럼
어딘가에 지뢰가 숨어 있으리라 여겼다
적들의 교란은 통신망 밖에서 무사하여
한 치의 오차 위에서만 잠이 들고
종종 제한속도를 넘어버린 미친 질주로도
촘촘한 지뢰망으로부터 자유롭진 못하리라 여겼다
방금 출고된 신차처럼 매끈한 몸뚱이로도
무섭게 나뒹구는 날이 있으리라 여겼다
그리곤 어디론가 이송되리라 여겼고
적재 유무만을 살피고 통과시켜버린
검문소의 허점이 눈앞에서 낱낱이 드러나는
날이 쉬이 있으리라 여겼다
일상의 평화를 악용한 심리전의 교묘한 술책이
목줄을 감아쥐는 날도 있으리라 여겼다
훈련 삼아 몇 명의 사상자가 나기도 하리라
그리곤 절벽 아래서 수직의 높이를 끝도 없이

타고 오르는 그런 것이라, 여기기도 했던 것인데
하, 단조롭기 짝이 없다, 사는 것이
새겨 보건대, 옹졸하기 짝이 없는 것이기도 하여서
높은 적중률로 불티나게 팔리는
종합문제지와도 같은 것이어서
기존의 문제들이 지루하게 되풀이되는
해묵은 시험 같은 것이어서
맞추지 않아도 길이 되는 목숨 앞에
맑은 눈으로 응시하면 안개 속에서도 길이 나고
어둠 속에서도 동공이 번저 알고 커지는
홑진 길이었다, 진정
함정은 없었다, 함정은 내가 만들어내고 있었다

—「함정이 없다」 전문

이월란 시인은 '나/적(敵)'의 대위법(對位法)을 통해, 그리고 '전쟁'이라는 알레고리를 통해 자신의 위치를 탐구하려고 한다. 삶 어딘가에 치명적 지뢰가 숨겨져 있고, 적들은 자신을 교란할 것이고, 평화를 악용한 교묘한 심리전이 목줄을 감아쥐리라 여겼지만, 삶은 그런 것보다 훨씬 단조롭기 짝이 없을 뿐이다. 그래서 시인은 삶이란 적과의 치열한 전쟁이 아니라 "옹졸하기 짝이 없는 것"이고 더구나 "높은 적중률로 불티나게 팔리는/종합문제지"처럼 해묵은 일임을 자각해간다. 그러니 자연스럽게 함정은 어디에도 없고, 다만 자신이 만든 함정만이 있었다고 시인은 고백해간다. 결국 이는 '전쟁'도 없고, '적'도 없고, '나'를 향한 함정만이 스스로를 경각(警覺)하게 한다는 성찰과 다짐이 들어 있는 시편이 아닐 수 없다.

이월란의 시편들은 이렇게 아늑한 동일성의 서정보다는 열정적으로 자신에 대해 묻고 따지는 일종의 '질문 의지'에서 생성되고 있다. 어쩌면 그것은 "매일 다시 태어나/매일 다른 목소리로 울고 있는/나의 페르소나"(「페르소나」)가 가질 법한 궁극적 직임(職任)이기도 할 것이다. 이처럼 시인은 "그 순간이 다시 온다면/나는 똑같은 길을, 처음인 듯 다시 걷겠습니다/내게 주어진 단 하나의 길임을/이제야 어렴풋이나마, 알 것 같기에"(「그 순간이 다시 온다면」)라고 노래함으로써, 자신이 걸어갈 길에 대한 깊은 성찰과 궁극적 자기 긍정으로 귀일한다. "늘 놓쳐버리고서야 뒤돌아보던, 그 눈부시게 시린 것들"(「알래스카」)을 소중하게 안아 들이면서 말이다.

클릭을 하시면 이월란(移越欄)이 뜹니다
나를 보고 싶어 이월란을 클릭한다
내게로 넘어온 계정을 찾는다
이전의 결과를 추적한다
내가 넘겨받은 기간은 무한대
마감일을 알 수 없다는 것은 곧 영원이다
내일로도 넘어가고, 다음 주로도 넘어가고

다음 달로도 넘어가고, 다음 해로도 넘어간다
전액을 넘겨줄 다음 회기는 여전히 안전한가
옮겨온 과정은 철저히 비밀에 부쳐져 있고
전해진 경로는 말끔히 지워져 있다
손에 있는 활자나 숫자들의 기원은
검고 때로는 붉은 잉크 위에서 감사를 마쳤다
전생에서 내세로 넘어가는 얇은 장부 속
단식과 복식 부기가 번갈아가며 달을 넘기고
또 해를 넘겨 왔겠다
아직 끝나지 않은 손익계산서
어디선가 고스란히 넘어온 항목과 잔액이
문신처럼 새겨져 있던 신생의 거래내역은
미수금처럼 마이너스로만 뜨는 기장 사무실에서
복사만 시켜도 자동으로 불러오고 자동으로
넘어온다

—「이월란」 전문

'이월란'이라는 동음이의어의 펀(pun)에서 착상된 이 시편은, 시인의 남다른 자기 탐구의 열정을 활달하게 보여준다. 시인은 '나'를 보고 싶어 '이월란(移越欄)'이라는 '나 아닌 나'를 클릭해 봅니다. 그런데 어느새 '移越欄'은 '나'가 오랜 세월로부터 넘겨받은 시간을 성찰하게 해준다. 가령 "내가 넘겨받은 시간은 무한대"이고 "마감일을 알 수 없다는 것은 곧 영원"을 뜻한다는 사실을 알게 해주는 것이다. 그렇게 시인은 선순환하는 자신의 생애를 생각하면서 "손에 있는 활자나 숫자들의 기원"을 떠올리고 "어디선가 고스란히 넘어온 항목과 잔액이/문신처럼 새겨져 있던 신생의 거래내역"을 사유함으로써 자신의 생을 긍정해간다. 아마도 그 과정은 "통용되지 못할 언어로 봉인되어/내 손을 떠나버린 편지 같은 이야기"(「변경(邊境)」) 같은 것일 터이다.

이처럼 이월란 시편에서 모든 존재자는 시간의 운명에 충실한 모습을 보여준다. 특별히 시간의 흐름이라는 물리적 과정에 의해 선택되고 배열되는 시인의 사유와 감각은, 지나온 시간의 상처를 누그러뜨리면서 더욱 근원적인 질서 쪽으로 자신을 구성해간다. 이번 시집은 그러한 근원적 시간에 대한 매혹과 부채감을 동시에 환기하는 쪽으로 강화되어가면서, 시인으로 하여금 오랜 기억을 통해 자신만의 아름다운 존재 전환을 꿈꾸어 가게끔 한다. 이월란 시인은 그렇게 '실재/환(幻)'의 경계 위에서 더 나은 자신을 향한 에너지를 현저하게 보여주면서, 그러한 꿈꾸기 과정이 자신이 써가는 시의 가장 큰 내질(內質)임을 고백해간다.

2.

다음으로 우리가 접하는 이월란의 음역(音域)은, 바로 '시(詩)'를 향한 그녀의 치열한 자의식에 있다. 대체로 서정시는 인간의 힘으로는 가닿을 수 없는 비극성의 차원을 보여주는 동시에, 그럼에도 불구하고 하염없이 그 안에서 숨 쉬는 어떤 긍정의 의미를 찾고자 하는 인간의 실존적 슬픔을 알게 해준다. 이월란 시편은 이러한 '시'의 불가피한 존재론을 노래하는 세계이다. 그녀는 자신을 감싸 안고 있는 '시'라는 불가항력의 조건을 자신의 시로 재현함으로써, 자신이 견지하는 예술적 사유와 감각을 지속적으로 선보여 간다. 여기서 이월란 시인이 발화하는 '시'란, 자신의 실존을 가능케 하는 호환할 수 없는 언어 방식인데, 그만큼 시인은 '시'에 관한 메타적 사유와 감각을 줄곧 향하면서 '시'가 언어의 시뮬레이션이 아니라 현실을 견디고 넘어설 수 있는 언어적 양식임을 한결같이 증언하고 있다. 그렇게 시인은 '시'에 대해 적극적으로 사유하는 남다른 의식을 보여주고 있다.

詩人의 가슴으로 사는 어느 시인 아닌
시인의 말
詩人은 아무나 되는 것이 아니겠지요

아무런 기척 없이
변변한 차도 없이
눈부신 후광도 없이
망설임의 겹도 없이

詩人의 밥을 지었더니

詩人은 是認할 줄 아는 사람이어야 하네요
결핍을 시인할 줄 아는 사람
거짓을 시인할 줄 아는 사람
교만을 시인할 줄 아는 사람
허물을 시인할 줄 아는 사람

화살을 만들어 누군가를 조준하는 矢人이라면
화살을 만들어내며 사는 시인의 몸이
늘 어딘가에 박히기를 갈구하는 시인의 몸이
화살을 본뜬 상처의 도가니가 되고 말겠네요

是認할 줄 아는 詩人
살 속이 아닌 가슴속에 박히는 화살을 만드는 矢人

시위를 당기는 마음에
詩人의 정곡에 먼저 와서 박히는 활자 앞에
오늘도 나는 백지 위에 과녁으로 서 있어야 하네요

—「詩人과 是認 그리고 矢人」 전문

역시 '詩人/是認/矢人'의 언어유희를 활용하면서 이월란 시인은 자신의 존재론적 지평을 설계해간다. '詩人=矢人'이라는 등식은 '시=화살'을 토대로 하면서도, "是認할 줄 아는 사람"과 "화살을 만들어 누군가를 조준하는 矢人"을 등가화하는 데로 나아간다. '시인'이라면 모름지기 자신의 '결핍'과 '거짓'과 '교만'과 '허물'을 '시인'할 줄 아는 사람일 것이다. 그렇게 "화살을 만들어내며 사는 시인의 몸"을 두고 이월란 시인은 "늘 어딘가에 박히기를 갈구하는" 존재론을 피력하고 있다. '시'를 화살의 속성으로 비유한 이 표현은, "시인의 몸이/화살을 본뜬 상처의 도가니"가 되어가는 과정을 빗대면서, "是認할 줄 아는 詩人"과 "살 속이 아닌 가슴속에 박히는 화살을 만드는 矢人"이 바로 자신 속에 있는 이중적 시인의 상(像)임을 고백해간다. "시위를 당기는 마음"을 가지고 오늘도 백지 위에 과녁으로 서 있어야 하는 시인의 마음이 미덥게 다가오는 순간이다. 이때 '백지'란 "황금비의 규격으로 여전히, 눈부시게 남아 있는/저 여백"(「복사기」)이기도 할 것이다. 이러한 남다른 자의식은 비록 '시'라는 것이 "해독되지 못할 암호"이거나 "발굴되지 못할 화석"(「나는 취소되고 있다」)일지라도 끊임없이 "꽉 다문 어금니 사이로/아이 서듯 시금시금 올라오는 신물"(「시 멀미」)처럼 항구적으로 시인의 몸을 떠나지 않을 것임을 에둘러 말해준다.

> 詩를 쓰는 일은
> 마치 구조를 기다리며 난간에 매달리듯, 무작정 그것을
> 꽉 부여잡고 있는 것이라고 누군가 그랬다

내가 모르는 그 시인은
내가 알지 못하는 타인의 사망 소식처럼
어느 백화점의 파산 소식보다도 작은 놀라움으로
그렇게 잠시 스쳐갔을 뿐이었다
죽었구나

장담이 아닌 불안으로
믿음이 아닌 의심으로
대답이 아닌 물음으로
결론이 아닌 전제로
느낌표가 아닌 물음표로

멀쩡한 삶 속에서 어딘가 자꾸만 아파오는 비상식의
신열이 고스란히 고여 있는 행간에서
떨어져 내린 그는
추락했을까, 구조되었을까

아랑곳없는 詩만 아직도 난간을 붙들고 있다
하얀 백지 위에서

—「유고시집」 전문

이 시편 역시 "詩를 쓰는 일"에 대한 은유적 표현을 담고 있다. "구조를 기다리며 난간에 매달리듯, 무작정 그것을/꽉 부여잡고 있는 것"이라는 비유는 '시 쓰기'의 운명적 절박함을 함축하는 것이지만, "장담이 아닌 불안으로/믿음이 아닌 의심으로/대답이 아닌 물음으로/결론이 아닌 전제로/느낌표가 아닌 물음표로" 씌어지는 '시'는 그 자체로 실존적 물음의 양식이기도 하다. 이러한 시 쓰기의 자의식으로 충일했던 어느 시인은 "신열이 고스란히 고여 있는 행간에서/떨어져 내린" 후에 유고시집을 백지 위에 남겼다. 이를 두고 이월란 시인은 "매일 아침 백지로 눈을 뜨는"(「언어의 섬」) 자신을 고백하면서, "아랑곳없는 詩만 아직도 난간을 붙들고" 있는 자신의 실존적 상황을 이어간다.

'시'가 가지는 양식적 한계와 가능성을 함께 노래한 이 시편은 그만큼 "소음이 목청을 잃고 어스름한 소실점을 따라"(「저녁의 내력」)가면서 "눈을 감아야만 보이는 것"과 "침묵 속에서만 들리는 것"(「요가」)을 경험하는 시의 직능을 선명하게 보여준다. 결국 이월란 시인은 '시 쓰기'의 자의식을 '是認하는 矢人/아랑곳없는 유고시집'으로 형상화함으로써, "외줄기 타고 오른 저마다의 길"(「내부순환도로」)을 통해 다다른 시인으로서의 존재론을 선명하게 이야기한다.

3.

모름지기 모든 존재자는 현실에서 물질적 존재 방식을 취하다가 일정한 시간의 흐름을 따라 소멸해가게 마련이다. 생성과

성장과 소멸 과정은 모든 존재자의 실존적 조건이기 때문이다. 따라서 소멸이란 그 자체로는 비극적이지만, 누구에게나 편재적으로 주어진 과정이므로, 시인으로서는 그것을 심미적으로 해석해야 하는 책무를 부여받게 된다. 이월란 시인은 이번 시집에서 생기 있는 것들의 움직임과 함께, 소멸해가는 것의 잔상(殘像)을 노래함으로써 이러한 책무에 적극 부응해간다. 그러나 그것은 단순한 만가(輓歌)가 아니라 심미적 리듬을 지닌 새로운 생성의 노래로 몸을 바꾸기도 하는데, 이는 시인이 비극적 세계관을 넘어 역설적 생성의 에너지를 사물의 소멸 형식에서 찾고 있음을 알려주는 핵심적 표지(標識)라고 할 수 있다. 그래서 그녀는 소멸의 형식을 탐색하면서도 모든 존재자들의 역설적 신생을 꿈꾸는 긍정의 시인인 셈이다.

> 뼛가루가 수액으로 흐르는 나무들이 있다 한다
> 가을이 와도 떨어지지 않는
> 죽은 자들의 이름표를 잎사귀 대신 달고
> 비명(碑銘)을 응시하며 자라는 나무들이 있다 한다
> 사체 위에 꽃을 피우는 잔인한 정원
> 영구차 같은 계절이 다녀갈 때마다
> 영혼의 옷을 갈아입는 곳
> 뿌리로 만지는 유골마다 추억을 빨아올리며
> 사자(死者)의 재로 숨 쉬는 나무들
> 내세의 안락으로 헛배 부른 봉분 대신

무성한 숲이 전생의 밤을 불러와
산책로를 따라 걷는 산목숨들은
나무가 되어 숲으로 같이 운다 한다
나는 살아 있고 나무는 죽어 있던 땅
내가 죽어서야 나무들이 걸어다닌다 한다
맑아진 피가 수액으로 도는
나무들이 넋으로 날아다닌다 한다
잠시 뿌리내린 땅, 사심 한 점 꽃피지 않은
마른가지로도 평안히 그늘 한 뼘
키워내게 되었다 한다
밤새워 별빛의 소나기를 맞고
울긋불긋 피 끓는 대지의 가을이 와도
이제야 식어 내리는 더운 피
땅만 가리키던 열손가락
그제야 하늘 향해 뻗고 싶어
나무가 되었다 한다

—「수목장」 전문

'수목장(樹木葬)'이란, 화장한 뼛가루를 나무의 뿌리 주위에 묻어 그 나무와 함께 상생한다는 섭리에 근거한 장례 방식이다. 그러니 시인으로서는 "뼛가루가 수액으로 흐르는 나무들"을 상상할 만도 하다. 가을이 와도 죽은 자들의 이름을 달고 "비명(碑銘)을 응시하며 자라는 나무들"은, "영혼의 옷을 갈아입는 곳"에서 뿌리로 만지는 유골마다 추억을 빨아올리며 죽은 자의 재로 숨을 쉬어간다. 그렇게 맑아진 피가 수액으로 도는 나무들을 바라보면서 시인은 "이제야 식어 내리는 더운 피"를 말갛게 씻고 스스로가 "그제야 하늘 향해 뻗고 싶어/나무"임을 알아간다. 이는 "사라지는 순간까지도 기록되기를 열망"(「화성인」)하는 마음을 기저(基底)로 하면서, "저렇게 아름다운 주검은 처음"(「노을」) 임을 발견해가는 과정을 보여주는 장면이다. 그러한 장면들을 통해 시인은 '수목장'의 죽음을 새로운 생성의 질서로 전이시켜가게 된다. 그러한 질서 전환을 가능하게 하는 힘은 말할 것도 없이 대상을 향한 '사랑'의 마음일 것이다.

첫 페이지의 의혹을 넘겨버린 것도 세월이었다
더 이상 번역하지 않아도 되는 당신을 눕혀두면
눈 밖에 난 활자들도 어둠을 먹고 자란다

신비롭게 제본된 팔다리를 흔들어본다

사서처럼 당신을 들고 오던 날 편협한 장르에서 그만 벗어나고 싶었다
당신을 펼치고도 늘 화자였던
나는 바깥이 그리운 아내가 되고
숨 쉬는 것조차 다른 당신을 매일 덮었다

아이들은 생소한 이야기를 시작한 지 오래다

나의 눈높이로 들어 올린 당신은 한 번씩 버려진 문장처럼 뚝 떨어진다
글자보다 여백이 많은
감명 깊은 나라로 떠난 여행길에서도
당신을 끝까지 읽은 적이 없다

개미의 길처럼 작은 통로로 끊임없이 사라지는 주인공을 따라오는 사이
당신은 헌책방의 고서처럼 누렇게 뜨고 있다
신간이 매일 쏟아져 나온다

나는 돋보기를 쓰기 시작했다

제목이 뭐였더라, 당신? 엄지와 검지에 침을 발라
한 끼의 그리움을 번역해낸다
한 번도 대출 받은 적 없는 목록마저 사라졌다
나의 환한 등잔 밑에 숨어 있던 책 속의 길

서사는 숙었다

나비효과처럼 팔랑이는 페이지마다
읽어서 도달할 경지였다면

화려한 세간 밑에서 먼지가 쌓였겠다
더 이상 속독이 되지 않는 느린 벤치 위에서 바람이 당신을 읽고 간다

오래 흘러야 강이 된단다

평생을 먹어도 배가 고픈 우리는
간단한 줄거리를 오래도 붙들고 있다
어느 날은 율법처럼 서 있던 당신을 성경 옆에 꽂아두기도 했었는데
언제부터인가 당신을 꺼내어 일기를 쓴다

어느 페이지엔가 나의 혼을 접어 두었었다

—「당신을 읽다」 전문

이 시편은 '당신'이라는 대상을 향한 지극한 사랑의 마음을 적고 있다. 그 마음이 번져가는 운동을 시인은 '읽다'라는 동사(動詞)로 표상하고 있다. '당신'을 읽어가는 과정에서 시인은 세월을 따라 "첫 페이지의 의혹을 넘겨버린 것"인데, 이제 시인은 '당신'을 향해 '번역/활자들/제본/장르' 등의 계열어들을 수반하게 된다. 그리고 스스로는 '사서/화자/아내'가 되어간다. 그렇게 "나의 눈높이로 들어 올린 당신은 한 번씩 버려진 문장처럼" 떨어지고, '나'는 도대체 '당신'을 끝까지 읽은 적이 없는데,

'당신'이라는 "한 끼의 그리움을 번역"하면서 시인은 "더 이상 속독이 되지 않는 느린 벤치 위"에서 '당신'을 읽고 가는 바람을 만나게 된다. 언제부터인가 '당신'을 꺼내 일기를 쓰고, 어느 페이지엔가 '나'의 혼을 접어 두었던 시인의 그리움과 열망이 손에 잡히는 듯하다.

그렇게 이월란 시인은 "달아나도 다시 태어나 반짝이며"(「언다큐멘티드 에일리언」) 다가오는 꿈처럼, "어깨마다 환히 젖는 눈시울"(「공항 대기실」)로 '당신'을 정성스레 읽어간다. 때로는 "우리, 서로를 탕진해버릴까요", "우리, 서로를 부숴버릴까요", "우리, 서로를 거덜내버릴까요"(「편지」) 하면서 동반 소멸을 욕망하기도 하지만, 그 안에는 "자꾸만 작아지고 또 작아져 서로의 입속으로 빨려 들어가 버린/휘청 휘청 휘말리던 너와 나의 크나큰 우주"(「첫 키스」)가 존재하기 때문이다. 그렇게 "인생은 단 한 번뿐"(「작은 질문, 큰 대답」)임을 아는 '나'는 "폭발하기 직전의 빗방울"(「흐린 날의 프리웨이」)로서 "오래된 당신"(「처서」)을 읽어간다.

결국 현실적 대상이든 초월적 대상이든, 이월란 시에는 자신이 흠모하는 대상에 대한 사랑의 힘이 가득 담겨 있다. 그러나 그것은 순수한 정신적 과정에서 발원하는 것이 아니라, 강렬한 삶의 원리로까지 부상하는 것으로 나타나게 된다. 이러한 사랑의 힘을 시인은 성숙한 시선으로 바꾸어가면서 특유의 타자 지향성으로 만들어간다. 그래서 이월란의 시편은 생명체로서의 존재 증명에 사랑보다 더 중요한 것은 없다는 사실을 다시 한 번 심미적으로 실증해준다. 그렇게 그녀의 시편은 외롭고도 절실한 목소리의 형태로 일종의 대상(代償) 에너지를 분출하면서, 사랑의 결여 상황을 넘어서는 긍정의 회로를 보여주고 있는 것이다.

4.

이월란 시편의 핵심에는 이처럼 '자아'와 '시'와 '사랑'의 문제가 가득 출렁이고 있다. 지금까지 우리가 천천히 읽어온 이월란 시편은 자기 탐구와 시적 자의식 그리고 사랑의 서정이 가득한 세계로서, 구체적 경험의 매개가 없이는 도저히 이루어질 수 없는 고유한 속성을 두루 구유(具有)하고 있다. 근대의 이면을 꿰뚫는 디오니소스적 혜안을 줄곧 작법의 원리로 택하면서 그녀는 현실에서의 근원적 사라짐의 속성을 시에서의 탈환 과정으로 완성해간다. 그와 동시에 우리의 가장 근원적이고 궁극적인 시간 경험을 아름답게 그려 보여준다. 그 근원적 속성을 그녀는 자기 탐구와 타자 사랑의 시 쓰기 과정으로 표현한 것이다. 그것이 마치 시인으로서 가야 할 실존적 도정이자 불가피한 존재 이유라는 듯이 말이다. 그 길이 참으로 애잔하고 융융하고 아스라하게 깊다.

이 도서의 국립중앙도서관 출판시도서목록(CIP)은 서지정보유통지원시스템 홈페이지(http://seoji.nl.go.kr)와 국가자료공동목록시스템(http://www.nl.go.kr/kolisnet)에서 이용하실 수 있습니다.(CIP제어번호: CIP2016018398)

문학의전당 시인선 230

오래된 단서

초판 1쇄 인쇄 2016년 8월 2일
초판 1쇄 발행 2016년 8월 9일
지은이 이월란
펴낸이 고영
책임편집 류미야
디자인 헤이존
펴낸곳 문학의전당
출판등록 제311-2012-000043호
주소 서울시 은평구 연서로11길 7-5 401호
전화 02-852-1977 팩스 02-852-1978
전자우편 sbpoem@naver.com

ISBN 979-11-5896-270-8 03810